Heiko Krimmer
Ein Lahmer spielt zum Tanz auf
Neue Geschichten mit Gott in Indien

W0231237

Heiko Krimmer

Ein Lahmer spielt zum Tanz auf

Neue Geschichten
mit Gott in Indien

SCM
Hänssler

SCM

Stiftung Christliche Medien

Der SCM-Verlag ist eine Gesellschaft der Stiftung Christliche Medien, einer gemeinnützigen Stiftung, die sich für die Förderung und Verbreitung christlicher Bücher, Zeitschriften, Filme und Musik einsetzt.

© der deutschen Ausgabe 2015
SCM-Verlag GmbH & Co. KG · Max-Eyth-Straße 41 · 71088 Holzgerlingen
Internet: www.scmedien.de · E-Mail: info@scm-verlag.de

Soweit nicht anders angegeben, sind die Bibelverse
folgender Ausgabe entnommen:
Neues Leben. Die Bibel, © der deutschen Ausgabe 2002
und 2006 SCM-Verlag GmbH & Co. KG, Witten.
Weiter wurden verwendet:
Lutherbibel, revidierter Text 1984, durchgesehene Ausgabe
in neuer Rechtschreibung,
© 1999 Deutsche Bibelgesellschaft, Stuttgart.

Umschlaggestaltung: Jens Vogelsang, Aachen
Titelbild: istockphoto.com; fotolia.com
Autorenfoto: privat
Satz: typoscript GmbH, Walddorfhäslach
Druck und Bindung: CPI books GmbH, Leck
Gedruckt in Deutschland
ISBN 978-3-7751-5624-0
Bestell-Nr. 395.624

Inhalt

Ein Lahmer spielt zum Tanz auf

Ramu und seine Eltern leben in Gandava, einem Dorf am Rand des Silerdschungels. Als einziger Sohn war er der ganze Stolz seiner Eltern. Sie weihten ihn nach seiner Geburt der Göttin Lakshmi, der Göttin des Glücks und des Wohlstandes. Ein Bild der Göttin stand am Eingang des Hauses. Täglich brachte die Familie ihr Opfergaben und schmückte sie mit Blumengirlanden. Da die Familie einige Felder besaß, die sie fleißig bebauten, hatten sie ein gutes Auskommen.

Als Ramu zehn Jahre alt war, starb sein Vater überraschend an einem Herzschlag. Die Verwandtschaft beschuldigte und beschimpfte die Witwe Padma: »Du bist schuld am Tod deines Mannes. Du hast wohl in deinem früheren Leben große Sünden getan. Jetzt trifft dich die Strafe der Götter!« Sie wollten Padma vertreiben und ihren Besitz übernehmen. Aber sie war eine mutige und tatkräftige Frau und ließ sich nicht unterkriegen. Allein bebaute sie die Felder und wirtschaftete so gut, dass sie Geld für Ramus Ausbildung beiseitelegen konnte. Ramu war ein aufgeweckter, fröhlicher Junge, der zu seiner Mutter stand und sie nach Kräften unterstützte. Weil sie sich eine gesicherte Zukunft für ihren Sohn wünschte, schickte sie ihn auf eine gute private Schule und musste dafür ein hohes Schulgeld aufbringen.

Doch dann traf sie ein weiterer Unglücksschlag: Ramu stürzte auf dem Heimweg von der Schule mit dem Fahrrad und verletzte sich schwer. Trotz aller ärztlichen Bemühungen und den Gebeten und Opfern der Hindupriester blieb Ramu von den Hüften abwärts gelähmt. Für die beiden begann eine schwere Zeit. Padma kaufte Ramu einen Rollstuhl. Da saß er nun wie ein Häufchen Elend, hatte allen Lebensmut verloren, wollte nicht mehr zur Schule gehen und verschloss sich gegenüber allem, auch gegenüber seiner Mutter. Schweigend brütete er vor sich hin. Als seine Mutter ihn ermutigen wollte, brach es aus ihm heraus: »Was hat so ein Leben noch für einen Sinn – als Krüppel im Rollstuhl«, schrie er. »Was haben alle deine Opfer und Gebete für die Göttin Lakshmi für einen Wert, wenn sie solches Unglück über uns bringt?« Er hatte allen Glauben verloren. Zweimal versuchte er sich das Leben zu nehmen, aber jedes Mal fand Padma ihn rechtzeitig.

In Gandava gab es eine christliche Gemeinde, geleitet von Pastor Rao. Als er von Ramus Schicksal hörte, besuchte er ihn und seine Mutter. Zuerst wies Ramu ihn zornig ab. »Geh weg mit deinem Gott Jesus. Unsere Götter haben nicht geholfen. Ich brauch keinen neuen Gott«, rief er. Doch Pastor Rao ließ sich nicht beirren. Immer wieder schaute er bei dem Jungen vorbei. Ramu saß in der Hütte, den Blick an die Wand gerichtet, und gab vor, ihn nicht zu hören. Aber schließlich wandte er den Kopf.

Nach einer Weile flüsterte er: »Kann mich dieser Jesus auch gesund machen?«

»Ja, wir können dafür beten«, antwortete Pastor Rao. »Ich hole noch ein paar Freunde dazu.« Am Abend kam er mit einigen Ältesten wieder. Sie beteten für den Jungen, legten ihm segnend die Hände auf und salbten ihn mit Öl. Ramu blieb lahm.

Aber doch geschah an ihm ein Wunder. Ein Wunder, noch größer als eine äußere Heilung. Ramu fand zu einem tiefen inneren Frieden und zur Ruhe. »Jesus hat meine Seele heil gemacht, dann sollen die Beine eben lahm bleiben«, sagte er mit fester Stimme. Die Beter und die Gemeinde waren tief bewegt. Selbst wenn Ramu wieder hätte gehen können – die Gemeinde hätte von seiner Veränderung nicht tiefer beeindruckt sein können.

Ramu hielt sich nun treu zur Gemeinde. Er konnte die Menschen begeistern, vor allem mit seiner musikalischen Begabung. Ramu beherrscht viele Musikinstrumente, auch die traditionelle indische Tabla-Trommel. Als er junge Leute in der Gemeinde zu einem Chor einlud, machten sie mit großer Freude mit. Ramu spielte oft so mitreißend auf seinen Musikinstrumenten, dass der ganze Chor samt der Gemeinde im Gottesdienst in Bewegung kam. Sie fingen sogar an zu tanzen. »Der lahme Ramu bringt die Menschen zum Tanzen«, staunte Pastor Rao. Er nahm Ramu und den Chor immer öfter zu Evangelisationsversammlungen in andere Dörfer mit. Und Ramu und der Chor sangen und spielten sich in die Herzen vieler Menschen und öffneten so Türen für Jesus. Ramu denkt auch über seine Zukunft nach. Er möchte gerne auf die Bibelschule der Nethanja-Kirche in Vizag gehen und Pastor werden. »Ich will als Musikpastor in der Gemeinde dienen.« Das ist sein fester Wille und die leitenden Brüder unterstützen ihn darin.

Sterben zum Leben

Dharma Raos Leben war glücklich: Er gehörte der oberen Kaste an. Durch seine wohlhabenden Eltern konnte er eine Ausbildung als Elektriker machen und anschließend sein eigenes Geschäft mit Verkauf und Reparaturwerkstatt eröffnen. Seine Eltern suchten ihm eine passende Frau, und Dharma Rao bekam zwei Söhne.

Nie vergaß er den Göttern, für sein Glück zu danken. In seiner Wohnung und im Ladengeschäft standen kleine Altäre mit Götterbildern. Jeden Morgen zündeten er und seine Frau Deva dort Räucherstäbchen an, beteten und legten Opfergaben nieder.

Im seinem Dorf Rugarda am Godavarifluss gab es eine kleine christliche Gemeinde, gegründet und betreut von Pastor John. Die Christen im Dorf hatten es nicht leicht. Sie waren ausgeschlossen aus der Gemeinschaft und der Häuptling ging immer wieder gegen sie vor, indem er ihnen zum Beispiel verbot, Wasser am Dorfbrunnen zu holen. So blieb ihnen nichts anderes übrig, als das Wasser aus dem drei Kilometer entfernten Fluss zu holen. Ihr Vieh durften sie nicht auf die allgemeine Weide treiben, sondern mussten es im gefährlichen Wald grasen lassen. Viele solcher Schikanen machten ihren Alltag schwer. »Hört auf, zu diesem Gott Jesus zu beten, dann gehört ihr wieder zu uns«, sagten die Dorfbewohner immer wieder.

Aber die Christen blieben standhaft, und Pastor John ermutigte und tröstete sie. Er hatte nur kurze Zeit an der Bibelschule in Vizag studieren können, aber er war ein treuer Zeuge Jesu Christi. Vom Missionszentrum hatte er einen Kassettenrekorder erhalten und jeden Monat wurde ihm eine Kassette mit zwei Predigten, gehalten von Bischof Singh, zugesandt, die er regelmäßig in den Gottesdiensten abspielte. Er selbst lernte dabei viel, und die Christen wurden in ihrem Glauben gefestigt.

Eines Tages brachte Pastor John den Kassettenrekorder zur Reparatur in die Werkstatt von Dharma Rao. Nur widerwillig nahm Dharma Rao den Auftrag an. Nachdem er das Gerät wieder in Gang gesetzt hatte, überprüfte er es mit der eingelegten Predigtkassette. Dabei hörte er aufmerksam zu. Die Predigt berührte ihn tief. »Gib mir noch Zeit«, bat er Pastor John, als dieser das Gerät abholen wollte. »Ich würde gern noch mehr hören.« Pastor John freute sich und gab ihm noch weitere Kassetten. Die beiden kamen ins Gespräch über den Glauben an Jesus. Schließlich sagte Dharma Rao: »Ich will auch an Jesus glauben«, und er bat um die Taufe.

Seine Frau wollte diesen Weg nicht mitgehen. »Unsere Götter haben doch bis jetzt so gut geholfen«, sagte sie. Trotz allem blieb sie bei ihrem Mann und besuchte sogar manchmal die Gottesdienste mit ihm. Die übrige Familie war entsetzt und sagte sich von Dharma Rao los. Auch die anderen Dorfbewohner hielten

Abstand. Aber weil er geschickt war und es weit und breit keinen anderen Elektriker gab, besuchten sie doch weiterhin sein Geschäft.

Am 4. Januar 2014 erlitt Dharma Rao einen schweren Motorradunfall – er geriet unter einen Lastwagen. Obwohl er sofort in eine Klinik gebracht und operiert wurde, machten die Ärzte seiner Frau keine Hoffnung. »Die Verletzungen sind zu schwer, er kann das nicht überleben«, lautete die Diagnose.

Deva harrte am Krankenbett aus.

»Ich werde sterben«, flüsterte Dharma Rao, »aber ich gehe heim zu Jesus. Vertraue auf ihn, dann werden wir uns bei ihm wiedersehen.« Schließlich bat er noch: »Ich will eine christliche Beerdigung.«

Am 5. Januar starb Dharma Rao.

Seine Witwe brachte den Leichnam zurück nach Rugarda. Die Familie bedrängte sie: »Wir wollen Dharma Rao mit unseren hinduistischen Zeremonien verbrennen. So werden die Götter besänftigt über seinen falschen Glauben an den Gott Jesus.«

Doch Deva widersprach: »Es war sein letzter Wille, dass er christlich beerdigt wird, und ich werde das erfüllen. Er ist so glücklich gestorben. Ich selber will auch Jesus vertrauen.«

Auch Drohungen ließen sie nicht schwanken.

Am nächsten Tag hielt Pastor John die Beerdigung. Das Grab hatte man neben Dharma Raos Hütte ausgehoben – der Häuptling hatte jeden anderen Ort verweigert. Auch viele Christen aus den umliegenden Dörfern waren gekommen. Sie sangen Jesuslieder, Hoffnungslieder, Lieder, die die Auferstehung bezeugten. Pastor John predigte. Viele Dorfbewohner, auch der Häuptling, standen in Hörweite und äugten herüber. Der Pastor sprach in einfachen, klaren Worten von der ewigen Hoffnung: »Auch Christen sterben, aber sie kommen zu Jesus in den Himmel und leben ewig mit ihm in seiner Herrlichkeit. Jesus hat den Tod besiegt, und deshalb kann der Tod uns nicht mehr schaden. Was wie ein endgültiges Aus erscheint, ist in Wirklichkeit ein herrlicher Anfang.«

»So etwas habe ich noch nie gehört«, sagte der Häuptling später. Er kam sogar zum Essen, das die Gemeinde nach der Beerdigung anbot. »Erzähle uns mehr vom Himmel«, drängte er Pastor John. Es wurde eine evangelistische Nachversammlung.

In Rugarda öffneten sich viele Menschen für Jesus. Heute besuchen fünfzig Dorfbewohner den Taufunterricht. »Der Tod meines Mannes ist so zum Segen geworden«, sagte Deva unter Trauer. »Jesus hat ein Wunder getan. Dharma Rao ist gestorben, aber dadurch haben so viele das neue Leben gefunden.«

Aus der Grube gezogen

Ramayas Familie fehlte es an nichts. Sie waren wohlhabende Bauern und beteten regelmäßig an ihrem prächtigen Hausaltar die Hindugötter an. Als einziges Kind der Familie wuchs Ramaya sehr behütet auf. Seine Eltern erfüllten ihm alle Wünsche, sodass er ein verwöhnter und verzogener Junge wurde, der nie lernte, andere zu respektieren.

Ramaya ging in die Schule in seinem Dorf Pelluru in der Ebene des Godavariflusses. Er lernte sehr gut und glänzte besonders in sportlichen Wettkämpfen. Er wurde zum Anführer einer fünfköpfigen Jungengruppe, die oft mit üblen Streichen das ganze Dorf empörte. Einmal warfen sie ein totes Schwein in den Brunnen des Dorfes, sodass das Wasser verdarb. Ramayas Eltern beschwichtigten den Zorn der Dorfbewohner, indem sie den Brunnen säubern ließen und Sühnegeld bezahlten. Doch ihren ungebärdigen Sohn bekamen sie nicht in den Griff.

In Pelluru hatte Pastor Anand von der Nethanja-Kirche seit drei Jahren eine christliche Gemeinde aufgebaut. Etwa zwanzig Familien gehörten dazu. Sie hatten im Dorf keinen leichten Stand, wurden angefeindet und vielfach ausgegrenzt. Die Christen durften ihre Ziegen nicht auf die Dorfweide treiben, sie durften kein Wasser vom Dorfbrunnen holen, sondern mussten ihr Wasser von einem Bach schöpfen, der vier Kilometer entfernt war. Ramaya und seine Kumpel machten sich oft einen Spaß daraus, die Frauen mit ihren gefüllten Wasserbehältern am Dorfeingang umzustoßen. So war der ganze lange Weg umsonst und die Frauen hatten doppelte Mühe.

Pastor Anand ermahnte seine Gemeinde jedoch immer wieder zur Geduld, zum Frieden und Ertragen, sodass sie weiterhin freundlich und hilfsbereit blieben. Langsam machte das auch Eindruck auf viele im Dorf und die Christen gewannen an Achtung. Pastor Anand hatte eine große Begabung dafür, mit jungen Leuten umzugehen. Er veranstaltete Sport-Wettbewerbe, bot Kurse im Schnitzen an und unterwies die Jungen in der Kunst, Tierfährten zu erkennen. Anfangs machten nur wenige mit, aber nach einigen Wochen waren es über zwanzig Interessierte.

Ramaya lehnte das von Anfang an entschieden ab. »Dieser falsche Priester ist ein gefährlicher Verführer«, zürnte er, »er will uns von unseren Göttern wegführen und zu seinem komischen Gott Jesus bringen.«

Aber die Jungen waren immer begeisterter. Tatsächlich begannen sie, Pastor Anand auch nach seinem Gott zu fragen, und er erzählte ihnen ganz schlicht die Jesusgeschichten. Sie hörten zu und mit der Zeit öffneten sie sich für das Evangelium. Auch die vier Kumpel von Ramaya nahmen regelmäßig an den Treffen teil, ganz gleich, wie sehr Ramaya auch tobte, trotzte und sogar handgreiflich wurde. Dann geschah das tief Bewegende: Zehn der Jungen, darunter auch Ramayas Freunde, wollten bewusst Christen werden. Sie ließen sich taufen. Ramaya geriet außer sich vor Wut und wurde zum erbittertsten Christenhasser und -verfolger. Wann immer er konnte, schadete er den Christen, besonders den jungen Neugetauften: Er lauerte seinen früheren Kumpels mehrmals auf und schlug sie brutal zusammen. Sie wehrten sich zwar, aber sie vergalten nicht Gewalt mit Gewalt. »Der Gott Jesus hat auch dich lieb und will dir zu einem guten Leben helfen«, sagten sie zu Ramaya. Doch ihre Worte erreichten ihn nicht. Stattdessen wurde er noch wütender, seine Angriffe gegen die Christen noch brutaler. Er störte besonders die Gottesdienste: Aus dem Hinterhalt bewarf er die Gemeindeglieder mit großen Steinen. Einige wurden dabei ernsthaft verletzt. Bei einem Abendgottesdienst zündete er im Schutz der Dunkelheit das Palmblätterdach der Kirche an. Die Gemeinde konnte den Brand in letzter Minute löschen.

Ramaya ließ sich immer neue Schikanen gegen die Christen einfallen. So vergiftete er zwei Ziegen einer christlichen Familie, zerstörte das neu angepflanzte Reisfeld einer anderen und verdarb den Reisvorrat einer dritten Christenfamilie.

Pastor Anand hatte alle Mühe, seine Gemeinde von Gewalt abzuhalten. »Vergeltet nicht Gleiches mit Gleichem, hat unser Herr Jesus gesagt«, predigte er. »Du sollst deinen Feind lieben, so weit ist Jesus gegangen.« Die Gemeinde begann regelmäßig und ausdauernd für Ramaya zu beten. An einem Abend hatte Ramaya wieder betrunken vor der Kirche getobt, Steine geworfen, geflucht und wilde Drohungen ausgestoßen. Schließlich zog er laut schmähend ab. Auf seinem Heimweg am Rande des Dorfes schwankte er und stolperte in eine tiefe Grube, die die Dorfbewohner ausgehoben hatten, um die von Ramaya vergifteten Ziegen zu entsorgen. Ausgerechnet heimkehrende Gottesdienstbesucher entdeckten ihn und zogen ihn mit viel Mühe aus der Abfallgrube. Da Pastor Anand über einige medizinische Kenntnisse verfügte, brachten sie ihn in die Kirche. Ramaya wimmerte, wurde immer wieder ohnmächtig und war am ganzen Körper gelähmt – offenbar war er am Rückgrat verletzt. Der herbeigeeilte Medizinmann des Dorfes sah sich den Verletzten an und stellte dann nüchtern fest: »Da kann niemand mehr helfen. Er wird sterben.« Pastor Anand war zur selben Diagnose gekommen, aber er vertraute auf die Kraft von Jesus Christus. »Herr Jesus, du hast alle Macht. Zeige deine Kraft jetzt an diesem deinem Feind und bestätige so das Vertrauen und die Geduld deiner Kinder«, betete er. Drei Tage lang versammelte sich die Gemeinde um Ramayas Krankenlager, betete und fastete. Und dann geschah das Unglaubliche. Ramaya hob erst den Arm, dann bewegte er seine Beine. Schwankend stand er auf. Er konnte stehen und vorsichtig gehen. Schließlich konnte er sich wieder wie früher bewegen. Er war vollständig geheilt. Die Gemeinde lobte und dankte Gott. Das ganze Dorf staunte. Ramaya hatte verstanden. »Ihr habt mich aus der Grube gezogen. Jesus hat mir das Leben wiedergegeben. Ich will ihm vertrauen und als Christ leben«, bekannte er vor der Gemeinde. Pelluru ist heute ein Christendorf. Alle Familien gehören zur Gemeinde. Ramaya arbeitet in der Gemeinde mit und leitet sogar die Jugendgruppe. Aus dem Christenhasser ist ein treuer Jesusnachfolger geworden.

»Gebt ihr ihnen zu essen!«

Sadu Babu ist ein einfacher Bauer in Belada, einem Dorf bei Peruballi am Fuß der Berge des Silerdschungels. Er ist verheiratet
und hat einen vierjährigen Sohn, Belem. Mit seiner Frau Priaya
bewirtschaftet er ihre kleinen Felder, auf denen sie hauptsächlich
Gemüse und Reis anbauen, da diese einen guten Ertrag bringen.
Einmal in der Woche gehen Sadu Babu und seine Frau auf den
großen Markt in Peruballi und verkaufen dort ihre Erzeugnisse.
So haben sie ein gutes Auskommen.

An den Markttagen hält Pastor Ragu in Peruballi Straßenpre-
digten, begleitet von jungen Gemeindegliedern, die dabei Lieder
singen. Jedes Mal hören viele Menschen interessiert zu. Auch
Sadu Babu und Priaya versäumten an keinem Markttag die Predigten. Beide öffneten sich für das Evangelium. Nach einem persönlichen Gespräch mit Pastor Ragu beschlossen sie, sich taufen
zu lassen. An jedem Markttag gab Pastor Ragu ihnen und ande-

ren Interessierten Taufunterricht. Sadu Babu hatte nur unvollständig Lesen und Schreiben gelernt, aber jetzt verbesserte der Taufunterricht seine Fähigkeiten, sodass er schließlich fließend in den Bibel lesen konnte. Am Ostersonntag 2012 taufte Pastor Ragu zehn Menschen, darunter auch Sadu Babu und Priaya. Ihre Taufe erregte in ihrem Heimatort Belada Aufsehen. Die beiden waren die ersten Christen im Dorf. Aber man ließ sie weitgehend in Ruhe. »Wir brauchen keinen neuen Gott. Unsere Götter haben uns immer genügt. Aber wenn der Gott Jesus nicht gegen uns ist, stört er nicht weiter«, war die allgemeine Auffassung der Dorfbewohner.

Auch Darma, eine sehr angesehene Frau im Dorf, beobachtete Sadu Babu und seinen neuen Gott mit großem Misstrauen. Darma gehört der Brahmanen-Kaste an und verfügt über viele Fertigkeiten: Sie hat medizinische Kenntnisse, kann oft die Zukunft voraussagen und steht mit den Geistern in Verbindung. Wenn die Dorfbewohner bei ihr Rat und Hilfe suchten, brachten sie immer reichliche Gaben mit. So war Darma eine der reichsten Frauen im Dorf geworden. Darma befürchtete, dass ihr Einfluss durch Sadu Babu geschmälert werden könnte.

Einmal in der Woche lud Sadu Babu am Abend seine Bekannten, Nachbarn und Verwandten in seine Hütte ein und erzählte Jesusgeschichten. Manchmal kam Pastor Ragu dazu und vertiefte, was Sadu Babu in seinen einfachen Worten erzählte. Im Lauf der Zeit schlossen sich Sadu Babu drei Familien an, ließen sich taufen und es entstand in Belada eine kleine Christengemeinde. Darma gefiel das ganz und gar nicht. Sie begann öffentlich vor den Christen zu warnen. Als sie sich jedoch plötzlich zurückzog, munkelten die Dorfbewohner, sie sei krank geworden. Tatsächlich lag Darma krank in ihrem Haus. Sie hatte Atembeschwerden und Probleme beim Schlucken, sodass sie kaum noch etwas essen konnte. Sie rührte sich ihre eigene Medizin an, rief die Geister, doch es stellte sich keine Besserung ein. Ihr Sohn fuhr mit ihr zu Spezialärzten nach Hyderabad. Aber auch sie konnten nicht helfen. »Wir finden keine Ursache für die Krankheit. Sie wird wohl sterben«, lautete ihre Diagnose.

Niedergeschlagen kehrte Darma zurück nach Belada. Sie zog sich zurück und wartete nur noch auf den Tod. »Geh doch einmal zu den Christen. Deren Gott Jesus hat schon viele Wunder getan«, sagte ihr Sohn zu ihr.

»Ich sterbe lieber mit unseren Göttern, als dass ich einem fremden Gott vertraue«, antwortete sie bitter.

Sonntagmorgens feierten die Christen in Sadu Babus Hütte Gottesdienste, bei denen Sadu Babu jedoch nicht immer selbst predigte – denn das wäre zu viel für ihn gewesen. Pastor Ragu aus Peruballi hatte ihm einen Kassettenrekorder zur Verfügung gestellt mit einigen Predigtkassetten von Bischof Singh von der Nethanja-Kirche, zu der ihre Gemeinde gehörte. An einem Sonntag im Oktober 2012 versammelten sich die Christen von Belada in Sadu Babus Hütte. Er legte eine Kassette mit einer Predigt von Bischof Singh ein. Das Thema war die Geschichte von der Speisung der Fünftausend. »Gebt ihr ihnen zu essen!« Diese Weisung von Jesus an die Jünger hob Bischof Singh immer wieder besonders hervor. Er sprach von dem täglichen Hunger, den ja viele Menschen in Indien erleben. »Wir Christen sind hier zur Hilfe aufgerufen«, mahnte er, »auch wenn wir selbst wenig haben, segnet Jesus doch, wenn wir anfangen zu teilen.« Er sprach auch von dem geistlichen Hunger, den die Menschen verspüren. »Auch die Seele braucht Nahrung. Die Worte von Jesus, der Bibel, sind solch eine Speise. Wer darauf vertraut, wird ewig satt. Er wird das ewige Leben empfangen. Wir dürfen diese Ewigkeit weitergeben. Gebt ihr ihnen zu essen – das soll uns auch ermutigen, von Jesus weiterzusagen«, schloss er seine Predigt. Während des Gottesdienstes hatte sich Darma unauffällig in einen Winkel der Hütte gesetzt und hörte der Predigt aufmerksam zu. Die Menschen im Raum erkannten sie kaum wieder, so krank und abgemagert sah sie aus. Bischof Singh sprach noch ein Gebet und betete dabei besonders für Frauen, die nicht mehr essen können. Er wusste nichts von Darma, der Heilige Geist hatte ihn geleitet. Als der Gottesdienst zu Ende war, stand Darma auf. »Habt ihr etwas zu essen?«, fragte sie. Die Christen brachten ihr eine Schale mit Reis und sie begann zu essen. Staunend rief sie: »Ich kann wieder schlucken, ohne Beschwerden. Der Gott Jesus hat mich durch das Gebet von Bischof Singh geheilt.« Sie war überglücklich und bekannte: »Ich will Jesus vertrauen und zu euch als Gemeinde gehören.«

Darma machte ihr Versprechen wahr. Sie ließ sich taufen und lebt seither bewusst als Christin. Das Thema der Predigt, »Gebt ihr ihnen zu essen«, hat sie nie mehr vergessen – sie setzt es sogar in die Tat um, indem sie dafür sorgt, dass nach jedem Gottesdienst eine reichliche Mahlzeit an alle Besucher ausgeteilt wird. Liebevoll nennen die Christen sie »Mutter der Speise«.

Das ausdauernde Gebet

Kadama lebt mit ihrem Mann Suri und ihrer vierjährigen Tochter Shuba in Pallem, einem Dorf am Godavarifluss. Suri arbeitet beim Straßenbau und Kadama bewirtschaftet das kleine Reis- und Gemüsefeld der Familie. Zwar ist Suri oft viele Tag weg, aber sein Lohn ermöglicht der Familie ein sorgenfreies Leben.

Die Eheleute wünschten sich so sehr einen Sohn, aber Kadama wurde nicht schwanger. Verzweifelt suchten sie auch den Medizinmann von Pallem auf, zahlten für seine Mittel viel Geld – ohne Ergebnis. Auch die teuren und aufwendigen Geisterbeschwörungen des Dorfzauberers brachten keinen Erfolg.

In ihrem Dorf Pallem gab es zwar eine Schule, aber es fand kein Unterricht statt. Obwohl der zuständige Lehrer regelmäßig sein Gehalt einstrich, erschien er nie zum Dienst – eine Normalität in vielen indischen Dörfern.

In dieser Situation ergriff Pastor John von der Nethanja-Kirche die Initiative. Er hatte in Pallem seit drei Jahren eine christliche Gemeinde gesammelt. Etwa fünfzig Menschen bekannten sich zu Jesus. Sie hatten eine kleine Lehmkirche gebaut und hielten dort regelmäßig ihre Gottesdienste ab.

In dieser Lehmkirche eröffnete Pastor John eine Tagesschule und lud die Dorfkinder zum Schulunterricht und einem anschließenden warmen Essen ein. Viele Familien nahmen das Angebot an, obwohl sie nichts mit dem Gott Jesus zu tun haben wollten. »Es ist wichtig, dass unsere Kinder etwas lernen«, sagten sie sich.

Nachdem Kadama und Suri als fromme Hindus ihre Bedenken überwunden hatten, durfte auch ihre Tochter Shuba am Unterricht teilnehmen. Sie ging mit zunehmender Freude in die Tagesschule und war eine sehr gute Schülerin. Am Abend erzählte sie ihrer Mutter, was sie gelernt hatte. Kadama hatte nur drei Jahre die Schule besuchen können und lernte jetzt mit ihrer Tochter richtig lesen, schreiben und rechnen. Shuba schilderte auch die Geschichten von Jesus, die Pastor John in den Unterricht eingeflochten hatte, und sie lehrte ihre Mutter die christlichen Lieder aus der Schule. So wurde langsam der Boden für den Glauben der Eltern bereitet.

Doch Kadama wurde krank. Sie hatte heftige Schmerzen im Bauch. Weder der Medizinmann noch der Zauberer konnten helfen. Im Gegenteil, die Schmerzen nahmen immer mehr zu. Kadama erbrach sich und wurde immer schwächer. Suri brachte seine Frau in die Stadt Hyderabad ins Krankenhaus. Die bedrückende Diagnose der Ärzte: Kadama hatte Darmkrebs. Die aufwendige und lange Behandlung zehrte die ganzen Ersparnisse der Familie auf und half doch nicht.

»Nehmen Sie Ihre Frau mit nach Hause«, sagten die Ärzte schließlich, »wir können nichts mehr für sie tun. Sie wird bald sterben.«

Wieder zu Hause, beobachtete Suri verzweifelt seine Frau, die in ihrem Bett auf den Tod wartete, immer wieder weinte und große Ängste durchlitt.

Shuba war die Einzige in der Familie, die nicht aufgab. Sie erzählte Pastor John von der Krankheit ihrer Mutter und fragte kindlich vertrauend: »Jesus hat doch so viele Menschen geheilt, kann er das nicht auch bei meiner Mutter tun?«

»Er kann«, antwortete Pastor John, »wir wollen für deine Mutter zu Jesus beten.« Und das tat die ganze Gemeinde in jedem Gottesdienst und in jeder Gebetsstunde. Pastor John richtete eine Gebetskette ein. Dreimal in der Woche besuchten er und einige Gemeindeglieder Kadama und beteten für sie an ihrem Krankenbett. Suri stand misstrauisch daneben, ließ es jedoch geschehen. Es gab ja sonst keine andere Hoffnung.

Einige Wochen vergingen, doch es stellte sich keine Veränderung in Kadamas Zustand ein. Allerdings war es schon ein kleines Wunder, dass sie überhaupt noch lebte. Die Beter begannen zu zweifeln. »Hat es noch einen Sinn weiterzubeten? Sollen wir nicht stattdessen beten, dass Kadama in Frieden sterben kann?«

Doch Pastor John antwortete: »Das beharrliche, geduldige Gebet hat eine besondere Verheißung. An unserem andauernden Beten sieht Jesus unser Vertrauen und unsere Bereitschaft zu nehmen.« So beteten die Christen weiter. Viele Wochen. Nach einem halben Jahr zeigten sich Anzeichen der Besserung. Kadamas Schmerzen ließen nach, sie konnte wieder Nahrung bei sich behalten. Langsam kehrte ihre Kraft wieder zurück. Sie stand wieder auf und versorgte ihren Haushalt. Nach einem Jahr – die

Christen hatten beharrlich weitergebetet – war Kadama gesund. Suri brachte sie nach Hyderabad zu den Ärzten, die staunend bestätigten, dass der Krebs völlig verschwunden war.

Glücklich feierte die Gemeinde einen Lob- und Dankgottesdienst. Kadama bekannte: »Ich danke Jesus und will ihm in Zukunft ganz vertrauen.« Auch Suri hatte zum Glauben gefunden. Sie ließen sich taufen und wurden eifrige Mitglieder der Gemeinde. Die Menschen im ganzen Dorf hatten das Geschehen um Kadama aufmerksam verfolgt und viele Familien öffneten sich dem Evangelium. Das beharrliche Gebet hatte nicht nur Kadama Heilung gebracht, sondern auch die christliche Gemeinde im Glauben gestärkt und im Dorf Türen für Jesus geöffnet.

Der vom Tod errettet

Saria ist ein wohlhabender Grundbesitzer und fanatischer Hindu – von Anfang an bekämpfte er die Christen in seinem Dorf Andavaran in der Nähe von Vizag. Besonders zornig wurde er, als sein Nachbar, der Christ geworden war, sein Grundstück für den Bau der Kirche zur Verfügung stellte. Die Gemeinde um Pastor Moshe von der Nethanja-Kirche hatte nämlich Zuwachs bekommen und brauchte größere Räumlichkeiten. Etwa fünfzig Menschen hatten sich taufen lassen und sich der Gemeinde angeschlossen. Nun bauten sie am Rand des Dorfes eine kleine Lehmkirche – direkt neben Sarias Haus.

Saria bedrohte und verfolgte die Gemeinde in vielerlei Weise. Zuerst zog er willkürlich einen Zaun, der den Weg zur Kirche versperrte. Die Christen mussten einen eigenen Weg anlegen und dafür wertvolles Ackerland opfern. Wenn die Gemeinde sonntags nach dem Gottesdienst für alle Besucher Reis, Curry und

Gemüse vor dem Gebäude in großen Kesseln kochte, trieb er just zu diesem Zeitpunkt seine große Ziegenherde über den Platz. Die Tiere stießen die Kessel um, verunreinigten die Lebensmittel und richteten Chaos an. Am Freitagabend, wenn die Christen ihre Gebetsnacht hielten, schenkte Saria kostenlos hochprozentigen Palmschnaps aus. Das Gegröle der Betrunkenen hallte durch die ganze Umgebung und machte den Christen die Andacht fast unmöglich. Saria schaffte sich einen lauten Generator an, ließ ihn bewusst zur Gottesdienstzeit laufen und störte Gesang und Predigt erheblich.

Die Christen wurden immer mutloser. Einige plädierten dafür, die Kirche abzubrechen und an anderer Stelle neu zu bauen. Aber es gab kein Grundstück. Besonders die Jungen waren dafür, sich notfalls auch mit Gewalt zu verteidigen. Pastor Moshe aber predigte Geduld und Ertragen. »Unser Herr Jesus sagt: Liebt eure Feinde! Segnet die, die euch fluchen, tut denen Gutes, die euch hassen. Betet für die, die euch verfolgen«, las er aus Matthäus, Kapitel 5, Vers 44 vor. »So handelt ihr wie wahre Kinder eures Vaters im Himmel, heißt es weiter in Vers 45. Dann lasst uns auch wie Kinder Gottes leben und die Anfeindungen aushalten.« Die Gemeinde hielt still und betete ausdauernd für Saria.

An einem Sonntag blieb es merkwürdigerweise ganz ruhig. Kein Generatorlärm, keine Ziegenherde. Dafür aber waren Schreie und Wehklagen aus Sarias Haus zu hören. Die Gemeinde sah, wie Sarias Familie ein Bett aus dem Haus trug und es fünfzig Meter entfernt vom Haus an den Straßenrand stellte. Darin lag Saria. Er hatte einen schweren Herzinfarkt erlitten und sein Leben ging zu Ende. Sarias Familie hatte beschlossen, dass er am Straßenrand sterben sollte, denn bei den Hindus ist es Sitte, einen Sterbenden nicht im Haus zu lassen, aus Angst, dass sein

Geist sich nicht aus dem Haus befreien und sogar die Familie belasten könnte. Die Christen beobachteten das Geschehen. Pastor Moshe rief die Gemeinde dazu auf, für Saria zu beten. So gingen etwa dreißig Christen zu ihm, knieten im Staub der Straße an seinem Bett nieder und riefen Jesus um Hilfe an. Pastor Moshe betete laut: »Herr Jesus, zeige deine Kraft und tu an deinem Feind ein Wunder.«

Saria atmete schnell und wurde fahl. Schließlich stockte sein Atem und er lag still. Ein Hindupriester war hinzugekommen. Feierlich untersuchte er Saria und erklärte ihn für tot. Er befahl, den Scheiterhaufen für das Begräbnis vorzubereiten – die Hindus äschern ihre Toten noch am selben Tag ein. Doch die Gemeinde betete am Totenbett weiter. Und das Wunder geschah. Plötzlich schlug Saria die Augen auf. Farbe kehrte in sein Gesicht zurück und er richtete sich auf. Als die Familie kam, um den Verstorbenen zum Verbrennungsplatz zu bringen, erstarrten sie, als sie Saria im Bett sitzen sahen. »Jesus hat seine Kraft gezeigt und Saria nicht im Tod gelassen«, bezeugte Pastor Moshe. Die ganze Gemeinde sang Loblieder.

Saria selbst war überwältigt. »Jesus hat Kraft«, sagte er mit zitternder Stimme, »vergebt mir, was ich euch angetan habe. Ich will auch als Christ leben und Jesus vertrauen. Er hat mich nicht nur vom Tod errettet, sondern mir ein ganz neues Leben gegeben.« Saria machte sein Versprechen wahr: Er ließ sich taufen und wurde eine Stütze der Gemeinde.

Die Nachricht von dem Wunder verbreitete sich schnell. Aus den anderen Dörfern kamen viele Menschen, um Saria mit eigenen Augen zu sehen. Und allen bezeugte er mit großem Freimut: »Jesus hat mich vom Tod errettet. Er hat Kraft und hat mir ein neues Leben geschenkt.«

Es entstand eine Erweckungsbewegung. Viele wollten mehr von Jesus hören und ließen sich taufen. Seitdem sind drei neue Gemeinden in der Gegend entstanden. Die Menschen nennen Saria »Der vom Tode Errettete«.

Der weinende Dornbusch

In Patnas und Ranus Leben besteht ein großer Mangel: Obwohl sie schon sieben Jahre verheiratet sind, haben sie keine Kinder. Das gilt in Indien als große Schande, ja als Strafe der Götter oder Folge von großem Fluch im früheren Leben. In ihrem kleinen Dorf Kondapallem im Vizag-Distrikt besitzen sie ein Stück Land, auf dem sie Gemüse und Reis anbauen. Zusätzlich arbeitet Ranu noch beim Hausbau. So haben die beiden eine gesicherte Lebensgrundlage.

Beide waren fromme Hindus. Sie unternahmen viele Wallfahrten zu berühmten Tempeln, an denen Fruchtbarkeit versprochen wurde; besuchten bekannte Sadhus und Gurus, bezahlten viel Geld und unterwarfen sich ihren Riten und Beschwörungen. Aber nichts half. Patna wurde nicht schwanger.

Einmal in der Woche, dienstags am Markttag, verkauften Patna und Ranu im fünfzehn Kilometer entfernten Dorf Petalu ihre

Erzeugnisse. Dort hatte Pastor Paul von der Nethanja-Kirche eine christliche Gemeinde aufgebaut, die an den Markttagen Straßenversammlungen abhielt: Erst sang und trommelte ein Chor junger Gemeindeglieder und erregte so die Aufmerksamkeit der Leute, dann predigte Pastor Paul. Er erzählte einfache Jesusgeschichten, und viele Marktbesucher hörten interessiert zu.

Auch Patna und Ranu lauschten oft der Predigt. Pastor Pauls Worte gingen ihnen zu Herzen. Sie kamen mit Pastor Paul in tiefe Gespräche, fanden zum Glauben und ließen sich taufen. Doch in Kondapallem gab es außer ihnen keine Christen. Und das bekamen sie zu spüren: Wenn sie ihre Familien besuchen wollten, schlossen ihre Verwandten vor ihnen die Tür: »Wir wollen mit euch und eurem fremden Gott Jesus nichts zu tun haben. Betretet nie mehr unser Haus. Ihr seid ja sowieso vom Unglück gezeichnet. Jetzt wird euch auch die Rache der Götter treffen!«

Patna und Ranu kehrten tieftraurig nach Kondapallem zurück, aber sie hielten Jesus die Treue. Jeder Dienstag in Petalu war für sie eine wichtige Stärkung. Die Begegnung mit anderen Christen, die Predigten und die Gespräche mit Pastor Paul wurden zur Kraftquelle für die beiden.

Bald gingen sie auch sonntags den weiten Weg, um am Gottesdienst der Gemeinde in Petalu teilzunehmen. Dort erzählten sie auch von ihrer Not der Kinderlosigkeit, und die Gemeinde betete regelmäßig für das Ehepaar. Als die Gemeinde an einem Sonntag ein großes Kinderfest feierte, saß Patna still in der Ecke und wischte sich die Tränen ab. Pastor Paul ging auf sie zu, tröstete sie, sah ihr fest in die Augen und sprach ihr eine Prophezeiung zu: »Ihr werdet bald ein Kind haben. Der Herr Jesus wird euch helfen!« Getröstet machten sich die beiden auf den Heimweg. Da fasste Ranu seine Frau am Arm. »Hörst du das auch?«, fragte er. Sie blieben stehen und lauschten. Ein leises Wimmern drang zu ihnen. Mit klopfendem Herzen folgte Ranu dem Geräusch zu einem Dornbusch. Er hielt die Luft an, als sein Blick auf ein kleines Bündel fiel. Ehrfürchtig hob er es auf. Es war ein Baby, nur notdürftig in einen Fetzen Stoff gewickelt. Ein Mädchen, erst wenige Tage alt. Als sie das Baby näher betrachteten, sahen sie, dass es mit einer Entstellung geboren war – eine Kiefer-Gaumen-Spalte durchzog sein Gesicht.

Töchter werden in Indien als Last empfunden. »Wer ein Mädchen großzieht, bewässert Nachbars Garten«, lautet ein Sprichwort in Indien. Für eine Tochter muss die Familie einen großen Brautpreis aufbringen, zudem geht sie nach der Heirat als Arbeitskraft verloren, da sie dann nun ganz zur Familie des Mannes gehört.

Patna und Ranu kehrten mit dem Baby im Arm nach Petalu zurück und fragten Pastor Paul um Rat. Dieser ging von Haus zu Haus und fragte nach den Eltern, doch niemand bekannte sich zu dem Baby.

»Wollt ihr das Kind behalten?«, fragte er Patna und Ranu.

»Ja«, antworteten sie. »So schnell hat Jesus seine Zusage erfüllt. Er hat uns ein Kind aus dem Dornbusch geschenkt!« Sie nannten das Mädchen Pryanka, das heißt »Glück«, und wurden ihr liebevolle Eltern.

Da Pryanka nur mit Mühe schlucken und essen konnte, war es nicht leicht, sie großzuziehen. Patna zerdrückte alle Speisen für sie zu Brei. Wenn die Familie durchs Dorf ging, riefen ihre Nachbarn: »Sie bringen ein Unglückskind ins Dorf. Das wird uns allen schaden!« Keines der Kinder im Dorf redete mit dem Mädchen.

Patna und Ranu erzogen Pryanka so normal wie möglich, und trotz allen Einschränkungen und Anfeindungen wurde sie ein fröhliches Kind. Die meisten Leute senkten schnell den Blick, wenn sie Pryanka lachen sahen – zu abschreckend wirkte ihre Entstellung, doch ihre Eltern sahen sie mit den Augen der Liebe.

Pastor Paul machte ihnen Mut. »Diese Entstellung kann operiert werden«, sagte er, »allerdings frühestens mir vier Jahren.«

Pryanka war nun drei Jahre alt, ein normal entwickeltes Kind, bis auf die Missbildung im Gesicht. An den Markttagen und sonntags ging sie mit ihren Eltern nach Petalu und lebte mit in der christlichen Gemeinde. Fröhlich nahm sie an den Kinderstunden teil, die Pastor Paul begonnen hatte, und gewann Jesus lieb.

Eines Tages sagte sie unvermittelt zu ihren Eltern: »Ich weiß, dass der Herr Jesus mir helfen kann. Er wird mein Gesicht machen wie das der anderen Kinder.« Patna und Ranu schwiegen. Sie hatten schon seit einiger Zeit begonnen, Geld für die Operation anzusparen.

Eines Morgens wachte Pryanka auf. Irgendetwas war anders. Sie tastete in ihrem Gesicht und – die Entstellung war weg, verschwunden, geheilt. »Jesus hat mich gesund gemacht!«, jubelte sie. Ihre Eltern eilten herbei und blieben wie vom Donner gerührt vor ihrem Bett stehen. Dann stimmten sie mit Freudentränen in das Loben und Danken ihrer Tochter mit ein.

Im Gottesdienst am nächsten Sonntag in Petalu gab die kleine Pryanka mit schlichten Worten und doch voll Glück ihren Bericht von der Hilfe Jesu. Auch die Eltern bezeugten die Wundertat und Ranu schloss mit den Worten: »Jesus hat uns ein weinendes Kind aus dem Dornbusch geschenkt und jetzt hat er alles Weinen in Freude verwandelt.«

Der Angriff der Bären

Anfang 2013 verschärfte sich die Lage für die Christen in Padura, einem Dorf am Rand des Silerdschungels: Ramu, der Sohn des Häuptlings, sammelte vier weitere Männer um sich, um die Christen zu bekämpfen.

Schon zuvor war die christliche Gemeinde der Nethanja-Kirche bedrängt worden. Pastor Nathanael hatte die Gemeinde aufgebaut und in den vergangenen fünf Jahren fanden durch ihn mehr als einhundert Menschen zu Jesus. In einer Lehmkirche am Rand des Dorfes hielten sie ihre Gottesdienste und Versammlungen. Die Gemeinde wuchs trotz wachsender Widerstände ihrer Gegner, die vom Dorfhäuptling von Padura und dem örtlichen Medizinmann angeführt wurden. Zunächst sprachen die Feinde nur Drohungen aus, dann verboten sie den Christen, am Dorfbrunnen Wasser zu schöpfen und ihr Vieh auf der allgemeinen Dorfweide grasen zu lassen.

Doch dann begannen die Angriffe der Gruppe, die sich um Ramu gesammelt hatte. Zuerst störten sie die Gottesdienste mit Beschimpfungen und lauter Musik. Eines Nachts lauerten sie Pastor Nathanael auf, schlugen ihn brutal zusammen und ließen ihn in seinem Blut liegen. Die Situation spitzte sich zu, als sie im Dunkeln die Lehmkirche in Brand steckten. Am Morgen war nur noch ein rauchender Aschehaufen übrig. Dann verkündeten sie öffentlich ein Ultimatum: »Wir wollen euren Gott Jesus nicht. Er fordert die Rache unserer Götter heraus. Das bringt Unglück über unser Dorf. Wenn der Pastor nicht in drei Wochen verschwunden ist, werden wir ihn töten und die anderen Christen hart bestrafen.«

Pastor Nathanael und die ganze Gemeinde hatten Angst. Er beriet sich mit den Gemeindeältesten. Sollte er bleiben oder gehen? Sollten die Christen Padura verlassen und irgendwo neu anfangen? Pastor Nathanael fragte sich, ob er hier wirklich noch am rechten Platz war. Konnte er es der Gemeinde zumuten, seinetwegen in Gefahr zu schweben? Er wusste keine Antwort.

Die Gruppe um Ramu war sich ihres Sieges über die Christen gewiss. Sie verkündeten, dass sie die Vertreibung der Christen feiern würden. Für das große Festessen der Feier wollten Ramu und seine Gefährten Fleisch besorgen. Deshalb brachen sie an einem Montag mit Pfeil und Bogen zur Wildschweinjagd in den Dschungel auf. Zuvor rieben sie ihre Pfeilspitzen mit einem tödlichen Gift ein. Im Dorf wurde inzwischen alles für das Fest vorbereitet. Doch dann, am Nachmittag, hallten Schreckensrufe durchs Dorf. »Ramu und seine Freunde wurden von zwei Bären angegriffen!«, riefen sich die Dorfbewohner zu. Ramus Gruppe schleppte sich verletzt ins Dorf zurück. Am schwersten verletzt war Ramu selbst. Der Bär hatte ihm die Brust aufgerissen und ihm die Arme zerfetzt. Pastor Nathanael, der sich mit Wundversorgung auskannte und Medikamente besaß, zögerte keinen Augenblick. Zusammen mit dem Medizinmann versorgte er die Verwundeten. Dieser nahm seine Hilfe gerne an, denn allein war er überfordert.

Den schwer verletzten Ramu konnten sie nur vorläufig verbinden. Er musste dringend in ein Krankenhaus gebracht werden. Wieder zögerte Pastor Nathanael nicht und bat seine Gemeinde um Hilfe. Sechs Jungen aus der Gemeinde nagelten eine Trage zusammen, betteten Ramu vorsichtig darauf und trugen ihn zusammen mit Pastor Nathanael vier Kilometer weit zur Hauptverkehrsstraße. Dort hielten sie einen Lastwagen an, um mitgenommen zu werden. Pastor Nathanael begleitete Ramu auf der Fahrt. Nach sechs Stunden erreichten sie das Krankenhaus. Pastor Nathanael bezahlte die im Voraus geforderte Behandlungsgebühr – ohne Vorschuss unternehmen die Ärzte in der Regel nichts. Er blieb an Ramus Krankenbett und versorgte ihn. In indischen Krankenhäusern ist es die Regel, dass die Angehörigen für die Patienten das Essen besorgen, sie füttern und waschen.

Ramu musste zweimal operiert werden. Nathanael wich nicht von seiner Seite. »Warum tust du das alles für mich, ich bin doch dein Feind?«, fragte Ramu, als er wieder reden konnte. Pastor Nathanael erzählte ihm, wie sich Jesus besonders den Gegnern und Sündern zugewendet hatte. Ramu sah ihn mit großen Augen an. Am nächsten Tag fragte er wieder. Pastor Nathanael erklärte ihm, was Feindesliebe bedeutete. Das blieb nicht ohne Wirkung, und es entstand ein vertrauensvolles Verhältnis zwischen den beiden. Schließlich fand Ramu zum Glauben. Nach drei Wochen war Ramu einigermaßen wiederhergestellt, sodass die beiden nach Hause fahren konnten.

Als sie in Padura ankamen und alle Ramu umringten, sagte Ramu laut hörbar: »Ich gehöre jetzt Jesus und halte mich zur Gemeinde.«

Nach einiger Zeit erschienen Ramu und seine Gefährten bei der zerstörten Kirche, luden Steine ab und begannen, sie aufeinanderzusetzen. Unter tatkräftiger Mithilfe der Gemeinde bauten sie eine neue Kirche auf – aus Steinen, nicht aus Lehm, und mit einem festen Dach. Bei der Einweihung sagte Ramu: »Die Bären waren meine Rettung. Ohne die Verletzungen hätte ich an meinem Hass festgehalten. Ohne eure Liebe und Hilfe«, er hielt inne und richtete seinen Blick auf Pastor Nathanael, »wäre ich nicht zur Besinnung gekommen. Ich habe jetzt ein neues Leben und vertraue Jesus.«

Die Feindschaft gegen die Christen war in Padura endgültig gebrochen. Ramu besucht heute die Bibelschule der Nethanja-Kirche in Vizag. Er will später selber das Evangelium weitersagen.

Die rechte Hand

Dasu schloss im Frühjahr 2006 als Zweitbester seine vierjährige Ausbildung an der Bibelschule der Nethanja-Kirche in Vizag ab. Bald darauf heiratete er Meena, eine junge Frau, die im Kinderheim aufgewachsen war. Beide halfen die nächsten Monate im Mädchendorf der Nethanja-Kirche in Vizag mit. Sie arbeitete als Hausmutter und er als Gärtner. Beide beteten täglich, dass Jesus ihnen ihren Platz zum Dienst in einer Gemeinde zeigen möge. Beim Beten hörte Dasu eines Tages ganz deutlich den Namen *Gandava*. Er hatte diesen Namen nie zuvor gehört. Gespannt fragte er Bischof Singh. »Gandava ist ein Dorf«, sagte dieser, »es liegt etwa 60 Kilometer östlich von Vizag im fruchtbaren Schwemmland des Godavariflusses.« Die Gegend war bekannt für die vielen Mangobäume, die besonders gute Früchte brachten. Schon einmal hatten Pastoren der Nethanja-Kirche versucht, dort eine Gemeinde zu gründen, waren aber gescheitert. »Jesus will dort wohl eine Tür aufmachen«, sagte Bischof Singh. Er und die Ältesten sandten Dasu unter Gebet und Handauflegung nach Gandava aus.

Dasu und Meena bauten sich am Rand von Gandava eine kleine Hütte und arbeiteten als Kulis auf den Feldern und in den großen Mangogärten. Dabei lachten und redeten sie mit den anderen Arbeitern und erzählten nebenbei von ihrem Glauben an Jesus. Abends versammelten sich einige Kinder bei Meena, sie machte mit ihnen Spiele und erzählte Jesusgeschichten. Die Kinder gaben zu Hause wieder, was Meena gesagt hatte. Nach einem halben Jahr erhielten vier Familien Taufunterricht und sie wurden Christen. Die kleine Gemeinde, etwa zehn Personen, versammelte sich an den Sonntagen unter einem großen Mangobaum zum Gottesdienst und wuchs bald auf über zwanzig Mitglieder an. Inzwischen war Meena schwanger geworden und brachte eine Tochter zur Welt. Sie und Dasu waren glücklich.

Die Dorfbewohner beäugten misstrauisch die Versammlungen unter dem Mangobaum. Widerstand und Proteste nahmen zu. »Wir brauchen hier keinen neuen Gott. Unsere Götter haben uns immer geholfen und ihr beleidigt sie«, sagte der Dorfhäuptling, »das ist nicht nur meine Meinung, sondern die des ganzen Dorfes.«

Es blieb zunächst bei Drohungen. Doch dann spitzte sich die Lage zu, als sich im März die vollen Blüten der Mangobäume braun verfärbten und abzufallen begannen. Die Bauern waren in großer Sorge. »Die Christen sind schuld«, raunten sie sich zu. »Sie beten ihren Gott Jesus unter einem Mangobaum an. Darum strafen uns die Götter.« Der ganze Volkszorn richtete sich gegen die kleine Gemeinde. Der Dorfrat verfügte: Kein Christ dürfe sich einem Mangobaum nähern und niemand dürfe mit einem Christen reden.

Dann wurde Dasu überfallen und blutig geschlagen. Niemand gab den Christen mehr Arbeit, niemand verkaufte ihnen Reis. Sie kamen in große Not. Als Dasu eines Morgens vor seine Hütte trat, fand er seine drei Ziegen vergiftet vor der Hütte liegen. Dasu ermutigte die Gemeinde: »Lasst uns treu bleiben, wir leiden um Jesu willen. Er wird uns auch helfen.« An einem Nachmittag kam Meena weinend zu ihrem Mann: »Unsere Tochter ist sehr krank!« Die kleine Suba glühte am Körper, ihr Atem ging schwer. Alle Fürsorge half nichts. Schon am nächsten Tag starb das Mädchen. Die Eltern waren tief getroffen und Dasu kam ins Zweifeln: War er hier in Gandava wirklich am rechten Ort? War es sein eigner Wille gewesen, hierherzukommen? Warum hatte Jesus nicht geholfen? Hatte er sich von ihnen abgewendet? Alle diese Fragen machten ihn völlig mutlos.

Josua, ein befreundeter Pastor aus einer zwanzig Kilometer entfernten Gemeinde, erfuhr von den Ereignissen, besuchte Dasu und Meena, hielt die Beerdigung von Suba und sprach den Eltern Trost zu. Er brauchte lange, bis er Dasus Herz erreichte. »Euer Glaube steht in der Prüfung«, sagte er. »Aber Jesus hat dich nicht verlassen. Er will dein Vertrauen vertiefen. Oft glauben wir nur deshalb, weil Jesus hilft. Jetzt aber kann aus dem Weil-Glauben ein Dennoch-Glaube werden.« Und er las die Worte aus Psalm 73: »Dennoch bleibe ich stets an dir, denn du hältst mich bei meiner rechten Hand. Wenn mir gleich Leib und Seele verschmachtet, so bist du doch, Gott, allezeit meines Herzens Trost und mein Teil« (L). Diese Verse wurden zu Worten der Ermutigung für Dasu und Meena und die ganze Gemeinde. Bevor Pastor Josua sich verabschiedete, ergriff er Dasus rechte Hand. Mit wasserfester Farbe zeichnete er auf die Innenfläche ein rotes Kreuz. »Denke immer daran, wenn du das siehst: Er hält dich bei deiner rechten Hand und führt dich durch zu einem tief gegründeten Dennoch-Glauben.«

Eines Tages wurde Mankar, einer der Bauern im Dorf, plötzlich auffällig. Er war wohlhabend und angesehen, doch wenige Wochen zuvor hatte er sich völlig verändert. Er wurde wütend und rasend, griff Menschen an, würgte sie, fluchte und drohte. »Ein böser Geist wohnt in ihm«, sagten die Leute – und so war es wohl auch. Ein Dämon hatte von Mankar Besitz ergriffen. Einige mutige Männer traten dem tobenden Mankar entgegen, hielten ihn fest und fesselten ihn an einen Baum. Aber in der Nacht befreite er sich und floh in die Wälder.

Jetzt war er wieder da und raste vor Dasus Hütte. »Verflucht sei dieser Jesus!«, schrie er. »Verschwindet oder ich werde euch Jesusleute alle töten.« Die Menschen traten aus ihren Hütten und beobachteten ihn ängstlich aus der Ferne. Doch Gott schenkte Dasu Mut. Er trat Mankar entgegen. »Im Namen Jesu, fahre aus, böser Geist!«, rief er. Dabei hob er die Hände. Mankar fluchte weiter mit Schaum vor dem Mund. Dann sah er das gezeichnete Kreuz auf Dasus Hand. Wie vom Blitz getroffen fiel Mankar zu Boden, zuckte wild und lag dann ganz still. »Er ist tot«, flüsterten die Leute. Doch nach einiger Zeit schlug Mankar die Augen auf. Er richtete sich langsam auf, klopfte sich die Kleider ab und sah sich staunend um. »Was ist geschehen?«, fragte er. Dasu antwortete: »Jesus hat dich von dem bösen Geist befreit.« Mankar sah ihn mit großen, ruhigen Augen an.

Das Ereignis hatte Folgen. Mankar wollte mehr über Jesus erfahren. Er schloss sich der Gemeinde an, schenkte ihr sogar ein Grundstück und Geld zum Bau einer Kirche. Zwar gab es immer noch Widerstände im Dorf gegen die Christen, aber der Bann war gebrochen. Die Gemeinde wuchs und wurde zum Segen für Gandava.

Dasu trägt bis heute das gezeichnete Kreuz in seiner rechten Hand. Immer wieder malt er es nach. Jedes Mal, wenn er die Gemeinde segnet, leuchtet es für alle sichtbar rot auf seiner Haut, und sie denken an die Worte: »Dennoch bleibe ich stets an dir…«

Liebe heilt

Im Oktober 2013 zog ein schwerer Zyklon über Andra Pradesh in der Gegend von Vizagaran, etwa hundert Kilometer von West nach Ost. Diese orkanartigen Stürme, vergleichbar mit Tornados, sind in ihrem Weg unberechenbar und treten in der Regenzeit häufig auf. Sie reißen alles mit, was im Weg steht. Der Zyklon hatte Geschwindigkeiten von bis zu 180 Kilometer in der Stunde und hinterließ eine kilometerbreite Spur der Verwüstung. Über hundert Menschen starben. Die nachfolgenden schweren Regenfälle vollendeten das Werk der Zerstörung. Tausende Menschen, die ohnehin schon recht arm waren, verloren alles – ihre Hütten, ihr Vieh und die gesamte Ernte. Sie hatten nur noch, was sie auf dem Leib trugen, und waren froh, mit dem Leben davongekommen zu sein.

Auch fünf Gemeinden der Nethanja-Kirche waren von der Zerstörung betroffen. In Pettawa hatte der Zyklon zwei Gemeindeglieder getötet. In Junta war die Kirche verwüstet und viele Christen hatten alles verloren. Nicht besser sah es in den anderen Dörfern aus. Bischof Singh von der Kirchenleitung in Vizag handelte entschlossen. Drei Gruppen von Bibelschülern und Mitarbeitern machten sich mit kleinen Lastwagen mit Hilfsgütern auf den Weg und waren schon am nächsten Tag vor Ort. Sie verteilten Lebensmittel, Decken und Hausrat, halfen beim Aufräumen und gaben so den Hilflosen neue Zuversicht. Sie halfen nicht nur den Christen, sondern allen, die in Not waren. Die Menschen waren dankbar und staunten über die Christen. »Warum helft ihr uns? Wir haben euch doch so oft Böses getan«, sagten sie.

»Unser Herr Jesus liebt besonders die Armen und die in Not sind. Und das tun wir auch, dazu hat er uns beauftragt«, antwortete Bischof Singh.

So kam mancher ins Nachdenken und stellte Fragen zum Evangelium.

Bischof Singh hatte Pastor Paul mit der Gesamtleitung der Hilfe beauftragt. Dieser war eine Woche lang pausenlos unterwegs, behielt als sehr guter Organisator jedoch den Überblick und freute sich, dass die größte Not gelindert werden konnte. Doch die Helfer erfuhren auch Ablehnung. »Ich brauche keine fremde Hilfe. Das schadet meinem Karma. Ich vertraue auf die Hilfe der Götter«, sagte ein Brahmane fast zornig, als die Christen ihm Lebensmittel und Decken reichten, »nehmt sie wieder mit!« Der Mann wollte keine Hilfe annehmen, weil er als Hindu glaubt, dass jeder für sich selbst verantwortlich ist. Die Lehre vom Karma erstickt die Barmherzigkeit und die Beziehungen zu den Mitmenschen.

Während des Einsatzes erreichte Pastor Paul ein Hilferuf. In Gunda waren Menschen durch verseuchtes Wasser erkrankt. Pastor Paul besorgte Medikamente und brachte sie auf seinem Motorrad nach Gunda. Auf dem Heimweg übersah er ein großes Schlagloch und stürzte mit seiner Maschine. Dabei zog er sich schwere Verletzungen zu. Zum Glück war er noch nicht weit gekommen, sodass die Christen aus Gunda herbeieilten, um ihm zu helfen. Vorsichtig trugen sie ihn ins Krankenhaus.

»Da ist nicht mehr zu helfen«, meinten die Ärzte, »die Kopfverletzungen sind zu schwer. Er hat durch innere Verletzungen viel Blut verloren und sich zahlreiche Brüche an Armen und Beinen zugezogen.«

Aber die Christen gaben nicht auf. Sie bezahlten eine große Summe als Vorschuss für die notwendige Behandlung. Und tatsächlich operierten die Ärzte Pastor Paul. Die Christen blieben im Krankenhaus, spendeten Blut und wichen nicht vom Krankenbett. Sie umsorgten Pastor Paul vierundzwanzig Stunden lang. »Wir wollen ihm so die Liebe und Hilfe zurückgeben, die er uns in unserer Not geschenkt hat«, sagten sie. Eine ganze Hilfskette der Liebe entstand. Auch Bischof Singh kam ins Krankenhaus, tröstete Pastor Paul und betete mit ihm. Viele Gemeinden, die von seinem Unfall erfahren hatten, versammelten sich und beteten rund um die Uhr für ihn. Die Christen versorgten seine Familie, die Frau und die beiden Kinder. Die Gemeinde in Gunda ließ sogar sein Motorrad reparieren. »Du wirst es wieder fahren«, sagten sie an seinem Bett.

Die Ärzte glaubten nicht, dass Pastor Paul sich jemals erholen würde. Aber der Patient kam allmählich wieder zu Kräften. »Das ist nicht unser Verdienst«, sagte ein Arzt ganz ehrlich, als er nach ihm sah. »Dieser Patient wird durch eure Liebe und Fürsorge gesund.« Nachdenklich sah er sie an. »Was seid ihr Christen doch für erstaunliche Leute.«

Im Januar 2014 konnte Pastor Paul an der Pastorenkonferenz teilnehmen, auf besondere Einladung von Bischof Singh. Während er sich auf seine Krücken stützte, erzählte er uns mit strahlenden Augen seine Geschichte. »Ich brauche zwar noch Medikamente, aber ich bin auf dem Weg zur vollständigen Genesung. Die Liebe von Jesus und meiner Brüder und Schwestern hat mich geheilt. Die Liebe ist eine ganz große Kraft.«

Ehre die Witwen

In Kanam, einem Dorf am Rand des Silerdschungels, hat Pastor Johanson von der Nethanja-Kirche vor fünf Jahren eine Gemeinde gegründet. Etwa achtzig Menschen besuchen die Gottesdienste. Wie in so vielen Dörfern wurden auch hier die Christen immer wieder angefeindet: Ihre Bambuskirche wurde niedergebrannt und die Dorfgemeinschaft verweigerte ihnen den Dorfbrunnen und die Dorfweide. Obwohl die direkten Angriffe nach einer Weile aufhörten, blieben die Christen aus der Gemeinschaft ausgegrenzt und wurden misstrauisch beobachtet.

Im Dorf lebte eine Witwe namens Vandana. Vor dem Tod ihres Mannes, eines Brahmanen, also eines Angehörigen der höchsten Kaste, hatte sie hohes Ansehen genossen. Doch als ihr Mann zwei Jahre zuvor gestorben war, hatte sie der Fluch einer Witwe getroffen: Ihre Familie stieß sie aus. »Du bist schuld, dass Vater gestorben ist. Deine Sünden im früheren Leben haben ihm den Tod gebracht«, sagten ihre eigenen Kinder, als sie sie aus dem Haus jagten. »Betritt nie mehr unser Haus. Dein Karma bringt uns nur Unglück.«

Der Hindupriester schor sie kahl, nahm ihr allen Schmuck ab und zwang sie, den weißen Sari zu tragen, damit sie als ausgestoßene Witwe erkennbar war. Von einem Tag auf den andern war Vandana zur heimatlosen Bettlerin geworden, zu einer Unglücksbringerin, verachtet und gemieden.

Vandana verwahrloste immer mehr. Nachts schlief sie unter Brücken und am Tag durchwühlte sie Abfallhaufen. Eines Abends stürzte sie in einen tiefen Graben. Schwer verletzt lag sie dort die ganze Nacht. Ihr Lebensende war absehbar. Als Pastor Johanson am frühen Morgen die Straße entlangging, hörte er ein leises Stöhnen. Er kletterte zu ihr in den Graben und erkannte, dass sie verletzt war. »Ich hole Hilfe«, sagte er. Mit einigen Gemeindeältesten kehrte er wieder, sie legten sie behutsam auf eine Trage und brachten sie ins 30 Kilometer entfernte Krankenhaus. Pastor Johanson bezahlte das Behandlungsgeld. Vandana hatte sich mehrere Brüche und auch innere Verletzungen zugezogen. »Sie braucht dringend eine Bluttransfusion, sonst wird sie sterben«, sagten die Ärzte.

Pastor Johanson kehrte eiligst nach Kanam zurück. Er betrat den Hof von Vandanas Kindern. »Bitte spendet Blut für eure Mutter«, sagte er.

»Wir haben mit ihr nichts mehr zu tun. Sie ist ein böser Mensch«, riefen sie und trieben Pastor Johanson vom Hof. Pastor Johanson ging zu seinen Gemeindegliedern und bat sie um Hilfe. Am nächsten Tag versammelten sich zehn Christen im Krankenhaus und spendeten Blut.

»Vandana muss operiert werden, aber sie wird wahrscheinlich überleben«, sagten die Ärzte. Da es in indischen Krankenhäusern üblich ist, dass Angehörige sich um die Bedürfnisse des Patienten kümmern, wechselten sich die Christen am Krankenbett ab. Immer zwei blieben einen Tag da, sorgten dafür, dass Vandana zu essen und zu trinken bekam, und wurden dann abgelöst. Der Aufenthalt, die Operation, die Behandlung und die Medikamente waren kostspielig. Am Sonntag predigte Pastor Johanson über das Gleichnis vom barmherzigen Samariter und rief die Gemeinde zu Spenden für Vandana auf. Es wurde so viel gegeben, dass die ganze Behandlung bezahlt werden konnte.

Nach sechs Wochen kam Vandana – wiederhergestellt – nach Kanam zurück. Pastor Johanson nahm sie auf und überließ ihr als Wohnung den kleinen Nebenraum der Kirche. So war sie bei allen Gottesdiensten und Versammlungen dabei. Sie öffnete sich für das Evangelium. Nach einem halben Jahr bat sie um die Taufe. Der Taufgottesdienst am Dorfweiher war ein Ereignis für das ganze Dorf. Pastor Johanson predigte über das Jesuswort in Matthäus 11,28: »Kommt alle her zu mir, die ihr müde seid und schwere Lasten tragt, ich will euch Ruhe schenken.« Er sprach davon, wie Jesus sich vor allem den Ausgestoßenen, den Rechtlosen und Ärmsten zuwandte. »Jeder Mensch hat bei Gott einen ewigen Wert und eine unendliche Würde«, schloss er seine Predigt.

Die Dorfbewohner hatten die ganzen Ereignisse um Vandana aufmerksam beobachtet. Am Brunnen und in den Häusern redeten sie darüber. »Die Christen zerstören uns durch ihren christlichen Glauben. Die Götter werden sie strafen«, sagten manche.

»Sie achten das Karma eines Menschen nicht. So viel Aufwand für eine unnütze Witwe«, beschwerten sich andere.

Die meisten aber waren beeindruckt. »Die Christen leben, was sie glauben. Sie helfen wirklich und setzen sich für uns ein, wenn Not kommt.« Viele Dorfbewohner begannen, den Christen Fragen zu stellen. Immer mehr kamen zu den Gottesdiensten. Eine große Anzahl begann Jesus zu vertrauen und ließ sich taufen. Heute gehören mehr als 200 Christen zur Gemeinde in Kanam.

Vandana wohnt bis heute in der Kirche. Sie hat den Putzdienst übernommen, bereitet die Versammlungen vor und unterstützt Pastor Johanson, wo er sie braucht.

Der Tod ist nicht das Letzte

Dharma Rao lebte in Borada, einem großen Dorf in der Nähe der Millionenstadt Vizag in Südindien. Er war der einzige Sohn einer einflussreichen Familie, die einer der oberen Kasten angehörte. Schon von klein auf war er fasziniert von Autos und allem, was fährt. So erlernte er den Beruf des Automechanikers und eröffnete in Borada eine eigene Reparaturwerkstatt. Schon bald genoss er einen ausgezeichneten Ruf. Er konnte einfach alles reparieren – selbst die älteste Schrottkarre brachte er wieder zum Laufen. Mit 25 verheirateten ihn die Eltern mit Lakshmi, die aus derselben Kaste stammte. Nach einem Jahr wurde ihnen ein Sohn geboren. Dharma Rao lebte mit seiner kleinen Familie glücklich und zufrieden.

Eines Tages kam Pastor John in seine Werkstatt, denn sein Motorrad streikte. Dharma Rao besah sich die Maschine: »Das ist eine größere Sache«, stellte er dann fest, »dazu brauche ich mindestens zwei Tage.«

Pastor John war einverstanden.

»Warum hast du keine Zitrone an deinem Motorrad?«, fragte er Pastor John, als er sich an die Arbeit machte. Die Zitrone gilt den Hindus als Schutzzeichen. Die Götter, so glauben sie, lieben den frischen, sauren Saft und sind so dem Fahrer gewogen.

»Ich glaube nicht an die Zitrone und die Götter. Ich vertraue auf Jesus«, erwiderte Pastor John, »er behütet und begleitet mich.« Die beiden kamen miteinander in ein ausführliches Gespräch. Dharma Rao hörte zum ersten Mal richtig von Jesus. Er wurde nachdenklich und wollte mehr wissen.

Pastor John kam auch am nächsten Tag wieder, sah Dharma Rao bei der Arbeit zu und sie setzten ihr Gespräch fort. In diesen beiden Tagen wurde das Fundament für den christlichen Glauben bei Dharma Rao gelegt.

In Borada gab es eine christliche Gemeinde. Dharma Rao hatte bis jetzt keine Berührungspunkte mit den Christen gehabt. Auch waren die Gemeindeglieder überwiegend verachtete Kastenlose, für Dharma Rao weit unter seiner Würde. Die Gemeinde wurde von Pastor Samuel geleitet. Dieser war sehr erstaunt, als er Dharma Rao an einem Sonntag ganz hinten in der letzten Reihe sitzen sah. Nach dem Gottesdienst sprach er ihn an und erfuhr von der Begegnung mit Pastor John.

»Ich habe noch so viele Fragen«, erklärte Dharma Rao.

Pastor Samuel nahm sich seiner an. Er gab ihm privaten Taufunterricht, Dharma Rao wurde Christ und ließ sich taufen. Aber damit begannen viele Schwierigkeiten. Seine Eltern und die ganze Verwandtschaft waren entsetzt und zornig. »Die Götter haben dir doch immer geholfen. Du bringst Unglück über uns«, sagten sie und verstießen ihn aus der Familie. Sie redeten auch auf seine Frau Lakshmi ein: »Das Beste ist, wenn du ihn verlässt.«

Doch Lakshmi blieb bei ihm, obwohl sie wegen seines Glaubens in Gefahr war und Angst hatte. Eines Nachts wachte Dharma Rao auf und roch Feuer. Sofort sprang er auf, rannte zu seiner Werkstatt und sah Flammen auf dem Dach züngeln. Panisch goss er Wasser aufs Dach und konnte den Brand gerade noch rechtzeitig löschen.

Nach einer Weile duldete man ihn im Dorf – er war eben ein unentbehrlicher Helfer bei allen Motorfahrzeugen.

Dharma Rao hielt sich treu zur christlichen Gemeinde. Immer wieder redete er auch mit Lakshmi über Jesus. Sie fühlte sich immer mehr zum Glauben hingezogen. »Was du mir über Jesus erzählst, beeindruckt mich. Aber ich will auf keinen Fall so ausgegrenzt und angefeindet werden wie du«, sagte sie. Sie blieb eine geheime Christin.

Dharma Rao war mit dem Motorrad unterwegs, um Ersatzteile zu besorgen. Ein Lastwagen nahm ihm die Vorfahrt und fuhr in ihn hinein. Zwar wurde Dharma Rao schnell in ein Krankenhaus gebracht, aber seine Verletzungen waren zu schwer. Noch am selben Tag verstarb er. Sein Leichnam wurde nach Borada heimgebracht. Die Trauer war groß. Aber die Familie sah jetzt auch die Möglichkeit, die Schande, die er über sie gebracht hatte, zu tilgen. »Wir werden ihn wie einen Hindu verbrennen«, verkündeten sie. »Ein Hindupriester wird die vorgeschriebenen Riten vollziehen.« Sie schickten einen Boten los, um den Scheiterhaufen vorzubereiten.

Aber sie stießen auf unerwarteten Widerstand. Lakshmi stellte sich erhobenen Hauptes vor sie. »Er hat bewusst als Christ gelebt und soll auch als Christ beerdigt werden«, sagte sie entschlossen und bewies damit großen Mut. Als die Familie zu klagen begann und auf sie einredete, sagte sie: »Ich glaube auch an Jesus und vertraue ihm. Ich verstehe nicht, warum er meinen Mann sterben ließ. Aber Dharma Rao ist jetzt im Himmel bei Jesus und wir werden uns dort einmal wiedersehen.«

Die Verwandten waren verblüfft. Einige begannen wütend zu schimpfen. Andere wurden sehr nachdenklich und viele fingen an zu fragen, woher Lakshmi diese Haltung und Stärke nahm.

Das Grab wurde am Rande des Kirchengrundstücks ausgehoben – es gab ja keinen Friedhof. Am nächsten Tag hielt Pastor Samuel die Beerdigung. Fast das ganze Dorf war gekommen, einige standen etwas abseits, äugten aber neugierig herüber. In seiner Predigt sprach Pastor Samuel von der christlichen Ewigkeitshoffnung, sodass alle ihn hören konnten. »Jesus ist auch gestorben. Er wurde in ein Grab gelegt. Aber nach drei Tagen ist er auferstanden. Der Tod konnte ihn nicht halten. Er lebt in Ewigkeit. Jeder, der ihm vertraut, wird auch auferstehen zum ewigen Leben in Herrlichkeit und Freude.« Lakshmi stand mit ihrem Sohn am Grab: »Auf Wiedersehen bei Jesus«, waren ihre weithin hörbaren Abschiedsworte.

In Borada wurden die Menschen neugierig und wollten mehr über Jesus erfahren. Heute ist die Gemeinde auf das Doppelte gewachsen. Lakshmi trägt keinen Witwensari. Sie hat einen Bibelkurs besucht und dient Jesus jetzt als sogenannte »Bibelfrau« in Borada und anderen Dörfern.

Aus der Klage zur Freude

Rani und ihr Mann Ragu leben in Petalka, einem Dorf in der Nähe von Narsapur. Dort hat Pastor Josef eine christliche Gemeinde gegründet mit etwa 50 Mitgliedern. Auch Rani und Ragu gehören zur Gemeinde. Das ist nicht selbstverständlich. Beide gehören zu einer oberen Kaste. Doch ihr Glaube kostete sie alles.

Ragus Familie ist hoch angesehen und besitzt große Ländereien. Seit sein Vater sich aus dem täglichen Geschäft zurückgezogen hatte, war es Ragus Aufgabe als ältester Sohn, den Familienbesitz zu verwalten, Arbeiter einzustellen und zu beaufsichtigen. Er hatte eine sorgenfreie Zukunft und eine gute und fleißige Frau in Rani.

Ragu hatte einen wachen, zuweilen kritischen Geist. Wie die ganze Familie verehrte auch er die Geister der Ahnen und opferte den Göttern. Allerdings fragte er sich immer wieder, warum man die Geister und Götter immer beschwichtigen und gnädig stimmen sollte. Warum wollten sie den Menschen so oft schaden? War es wirklich gut, in Angst vor Strafe und Schaden zu leben?

An einem Sonntagmorgen saßen Rani und er beim Frühstück im Hof ihres Hauses. Die Christen hielten ihren Gottesdienst in der Kirche, etwa 50 Meter entfernt. Auf dem Dach der kleinen Kirche war ein Lautsprecher montiert, sodass jeder, der wollte, die Lieder, Gebete und die Predigt mithören konnte. Theoretisch. Praktisch war es aber so, dass der Hindupriester immer zur Gottesdienstzeit den Lautsprecher am Tempel einschaltete und ohrenbetäubende Musik spielte. Heute aber blieb es vom Tempel her still, denn der Tempellautsprecher war defekt. Ragu und Rani achteten zunächst nicht auf den Gottesdienst. Doch dann hörte Ragu plötzlich hin. Pastor Josef sprach von der grenzenlosen Liebe Gottes zu allen Menschen. Keiner müsse vor Gott Angst haben. Jeder könne zu ihm kommen ohne Furcht. Jesus habe das gezeigt und gelebt. Immer wieder habe er zum Vertrauen eingeladen. Der häufigste Satz von Jesus war: »Habt keine Angst.« Schon die Engel hatten das bei der Geburt Jesu, des Sohnes Gottes, gerufen: »Habt keine Angst! Ich bringe euch eine gute Botschaft für alle Menschen! Der Retter – ja, Christus, der Herr – ist geboren worden.«

Ragu war tief bewegt. *Das ist doch eine Antwort auf meine Fragen,* dachte er. Er wollte unbedingt mehr wissen über den Gott, der liebt. So traf er sich mit Pastor Josef und hörte von ihm das Evangelium von Jesus, der alle Angst wegnimmt, Schuld vergibt und zu einem Leben in Frieden und Geborgenheit befreit. Auch Rani saß dabei, als die beiden sich unterhielten. Beide kamen zum Glauben und ließen sich taufen.

Die Familie konnte es nicht fassen. »Du bringst Schande über uns alle«, zürnte Ragus Vater, »die Götter werden mich strafen.

Ich verfluche dich! Du bist nicht mehr mein Sohn. Verlasse das Haus. Wir wollen nichts mehr mit euch zu tun haben. Ich enterbe dich.« Die Trennung war endgültig.

Wie viele indische Dörfer besteht Petalka aus zwei ganz unterschiedlichen Teilen: dort die soliden Häuser der Kastenleute, befestigte Straßen und oft auch Elektrizität – am anderen Ende die windschiefen Hütten der Kastenlosen, der Parias, vielfach in erbärmlichem Zustand. Dorthin wurden Ragu und Rani vertrieben. Da die Christen ebenfalls zu den Kastenlosen, den Parias, gezählt werden, leben auch sie in diesem Ortsteil. Sie gaben dem Ehepaar einen Platz und Ragu und Rani konnten eine einfache Hütte zusammennageln. Sie hatten alles verloren, aber inneren Frieden gefunden. Ragu, der es gewohnt war zu befehlen, musste nun als Taglöhner, als einfacher Kuli, Lasten tragen. Rani lernte, wie man aus Kokosfasern Matten webt. So hatten sie ihr Auskommen.

Inzwischen waren sie vier Jahre verheiratet, hatten aber noch keine Kinder. Darunter litt besonders Rani. Oft war sie darüber sehr bedrückt und klagte ihre Not Ragu und Pastor Josef. Beide trösteten sie. »Jesus weiß um die Not und er wird helfen.« Und tatsächlich, Rani wurde schwanger. Welche Freude war das für das Ehepaar.

Und dann kam jener schlimme Sonntag. Immer wieder war die christliche Gemeinde Ziel von gemeinen Anschlägen gewesen. Aber jetzt geschah offene, brutale Gewalt: Eine Gruppe angetrunkener Burschen überfiel die Gemeinde während des Gottesdienstes. Mit Prügeln und Keulen schlugen sie auf die Wehrlosen ein und brüllten dabei ihre Flüche und Hassparolen: »Verflucht seid ihr. Verflucht euer Gott Jesus. Ihr beleidigt unsere Götter. Ihr bringt Unglück. Haut endlich ab.« Die Gemeindeglieder versuchten sich zu schützen, hielten die Hände vor den Kopf, duckten sich. Aber die Männer prügelten mit ihren Keulen auf sie ein. Rani konnte nicht flüchten. Ein Schlag traf sie direkt in den Bauch. Ragu rettete sie aus dem Getümmel und brachte sie in ihre Hütte. Aber es war zu spät, die Verletzungen führten zu einer Fehlgeburt. Rani versank in tiefe Depression. »Warum lässt Jesus das zu? Warum hat er nicht geholfen? Hat er überhaupt Kraft? Wo bleibt da seine Liebe?«, so fragte und klagte sie immer wieder, von Zweifeln und Ängsten geplagt. Pastor Josef versuchte zu trösten, aber er drang nicht durch. Ragu, selbst tief verunsichert, sagte zu seiner Frau: »Ich habe keine Antwort auf alle deine Fragen, aber ich will weiter Jesus vertrauen.« Sein Glaube war über all dem Schweren gereift.

Die Gemeinde betete für Rani. Jeden Freitag, dem Gebets- und Fastentag der Christen, brachten sie Rani und ihre Klagen vor Jesus. »Der Herr Jesus wird dir ein Kind schenken«, sagte Pastor Josef mit Gewissheit. Doch die Zeit verstrich. Inzwischen waren schon drei Jahre vergangen. Rani konnte nicht mehr fröhlich sein. »Was nützt alles Gebet, Jesus hört doch nicht«, flüsterte sie tieftraurig.

Doch die Christen ließen nicht nach in ihrer Fürbitte. Pastor Josef ermutigte sie. »An unserem ausdauernden Gebet sieht Jesus unser Vertrauen.«

An einem Sonntag predigte er über Abraham und Sarah und Gottes Verheißung für einen Erben. Er sprach über 1. Mose 18, besonders Vers 10, wo Gott zu Abraham sagt: »Nächstes Jahr um diese Zeit werde ich zurückkehren. Dann wird deine Frau Sara einen Sohn haben.« Pastor Josef unterbrach seine Predigt. Er sah sich suchend in der Kirche um. Ganz am Rande saß Rani zusammengekauert. Er wandte sich ihr zu: »Der Geist Gottes sagt mir, dieses Wort gilt jetzt allein dir. Jesus hat unser Bitten erhört. Du wirst ein Kind haben.«

Und es geschah so. Rani wurde schwanger. Sie brachte ein Mädchen zur Welt. Mit der ganzen Gemeinde dankte sie und lobte Jesus. »Er hat mein Klagen erhört. Er hat mir meine Zweifel vergeben. Ich will ihm ganz neu vertrauen«, bekannte sie vor der ganzen Gemeinde.

Als Rani und Ragu ihre Tochter zur Segnung in den Gottesdienst brachten, fragte Pastor Josef: »Wie soll das Kind heißen?«

Rani antwortete glücklich: »Sie soll Shantoshi heißen, denn meine Klage ist in Freude und Leben verwandelt worden.« »Shantoshi« heißt auf Deutsch »große Freude«.

Jesus befreit

Als im Januar 2002 der Leiter der christlichen Einrichtungen in Narsapur, Paul Komanapalli, starb, waren seine Frau Kusuma und die vier Kinder in großer Trauer. Auch wir vom Vorstand der »Christlichen Mission Indien/Kinderheim Narsapur« in Deutschland, trauerten mit. Keiner wusste, ob und wie die Arbeit in Narsapur weitergeführt werden könnte. Doch dann hatte Kusuma Kraft und Mut, die Leitung zu übernehmen. Sie fand wichtige Mitarbeiter für das technische Ausbildungszentrum, für die Schule und das Kinderheim. So konnte die Arbeit weitergehen. Schwieriger war es mit der missionarischen Arbeit. Eine Frau als Leiterin? Das war ungewöhnlich und die Gemeinde und Pastoren waren verunsichert. Aber Kusuma verstand es, mit Zurückhaltung, Freundlichkeit und doch klarer Linie Vertrauen zu gewinnen.

In Nakonda, einem Dorf am Meer, wo die Menschen vom Fischfang leben, leitete Pastor David die Gemeinde der Nethanja-

Kirche mit etwa zwanzig Gemeindegliedern. Sie hatten es nicht leicht. Besonders Shantri, der Dorfbürgermeister, setzte die Christen immer wieder unter Druck. Sie verloren ihre Arbeitsplätze und niemand stellte sie neu ein. So hatte es Shantri angeordnet. Da schlossen sich die christlichen Familien zu einer Kooperation zusammen. Die Nethanja-Kirche unterstützte sie beim Kauf eines Bootes und der Netze. Jetzt konnten sie ihren Lebensunterhalt verdienen. Aber Shantri sorgte dafür, dass niemand im Dorf ihren Fisch kaufte. So mussten sie ihren Fang in weit entfernte Dörfer transportieren, wobei ein Großteil der Fische verdarb. Außerdem ordnete Shantri an, dass die Christen kein Salz bekamen, sodass sie ihre Fische nicht haltbar machen konnten und letztlich große Verluste erlitten. Immer wieder wurden ihre Netze zerschnitten und einmal sogar das Boot angebohrt. Aber die Christen blieben geduldig, sogar freundlich und hilfsbereit zu den Menschen im Dorf. Pastor David ermunterte und tröstete die Gemeinde mit den Worten, die Jesus in Matthäus 5,11 spricht: »Gott segnet euch, wenn ihr verspottet und verfolgt werdet und wenn Lügen über euch verbreitet werden, weil ihr mir nachfolgt.« Er forderte sie dazu auf, die Feinde zu lieben: »Segnet die, die euch verfluchen, tut denen Gutes, die euch hassen.« (Matthäus 5,44) Unter all dem Druck wuchs und bewährte sich ihr Glaube.

Shantri, der Bürgermeister, hatte eine Tochter. Nalli war sein ganzer Stolz – ein begabtes und schönes Mädchen, immer fröhlich und bei allen beliebt. Doch Nalli veränderte sich. Sie wurde unberechenbar, wütend und zornig, griff ohne Anlass andere an, fluchte und stieß wütende Drohungen und Beleidigungen aus. Offensichtlich war sie von einem bösen Geist besessen. Die Menschen bekamen Angst vor ihr, ließen sogar ihre Arbeit liegen und flohen, wenn sie auftauchte. Ihr Vater brachte sie zum Medizinmann und zum Dorfzauberer, zu den Hindupriestern und schließlich ins Krankenhaus. Aber niemand konnte helfen. Nalli wurde immer mehr zu einer Bedrohung für sich selbst und für andere. Schließlich wusste sich Shantri nicht anders zu helfen und band Nalli oft für viele Stunden an einen Baum. Ihre wütenden Schreie und Flüche waren weithin zu hören.

An einem Sonntag hatte sich die Gemeinde zum Gottesdienst versammelt. Kusuma war zu Besuch gekommen. Sie begrüßte die Gemeinde mit einem ausführlichen Grußwort, bevor Pastor David die Predigt hielt. Plötzlich stürmte Nalli in die Kirche. Sie hatte sich wohl losgerissen. Mit lauten Schreien wütete sie. Die Christen wichen zurück, flüchteten aus der Kirche, Panik brach aus. Auch Pastor David trat den Rückzug an. Nur Kusuma blieb mutig stehen. Sie trat Nalli entgegen und sagte mit fester Stimme: »Im Namen Jesu schweige und fahre aus Nalli aus.« Der Geist Gottes gab ihr die Vollmacht, dem Dämon zu gebieten. Zunächst tobte Nalli nur noch mehr und drohte Kusuma durch Gesten. Aber dann wurde sie still und fiel kraftlos auf den Boden. Kusuma kniete sich neben sie und begann zu beten. Einige Gemeindeglieder und auch Pastor David betraten wieder die Kirche und schlossen sich ihr an. Am Eingang versammelten sich viele Leute aus dem Dorf, blickten mit großen Augen auf das reglose Mädchen und flüsterten verunsichert miteinander. Auch Shantri kam herbeigeeilt. »Ihr habt meine Tochter getötet«, schrie er, als er Nalli auf dem Boden liegen sah. Aber Kusuma sagte mit fester Stimme: »Sie ist nicht tot, Jesus wird sie heilen, dafür beten wir.«

Nalli bäumte sich auf und schrie mit verzerrter Stimme: »Ich hasse euch, ich hasse diesen Jesus.«

Kusuma gebot: »Im Namen von Jesus, fahre aus. Lass Nalli los.« Und es geschah. Nalli wurde ganz ruhig. Sie setzte sich auf und blickte mit großen Augen um sich. »Wo bin ich, was ist geschehen?«, fragte sie.

»Du bist in der Kirche und Jesus hat den bösen Geist aus dir vertrieben.« Kusuma nahm sie in die Arme. Nalli war frei. Ihr Vater und alle, die zusahen, staunten und waren tief beeindruckt. »Der Gott Jesus hat Kraft«, sagten viele.

Nallis Befreiung hatte zwei wichtige Konsequenzen. Zum einen stellte Shantri seine Angriffe gegen die Christen ein. Er besuchte sogar den Gottesdienst zusammen mit seiner Tochter, die wieder das fröhliche und aufgeschlossene Mädchen wurde. Nach einem Jahr ließen sich beide taufen und viele Dorfbewohner begannen sich dem Evangelium zu öffnen. Zum anderen begegneten die Gemeinden und Pastoren Kusuma mit ganz neuer Achtung und Aufgeschlossenheit und freuten sich, dass Gott sie so gebraucht und bestätigt hatte.

»Die Krankheit hat uns Glück gebracht!«

Ravanas Mann Kaldanu war oft wochenlang weg – als Maurer musste er oft auf entfernten Baustellen arbeiten. Deshalb sorgte Ravana allein für das Haus und die drei Felder, auf denen sie Gemüse, Zwiebeln und Reis anbaute. Die beiden wohnten in Kanchireddi, einem Dorf etwa 80 Kilometer nördlich von Vizag. Als Kaldanu wieder einmal für einige Tage zu Hause war, fühlte er sich krank und schwach. Der Arzt teilte ihm die niederschmetternde Diagnose mit: HIV/Aids – eine Folge seines Kontaktes mit käuflichen Frauen. Die Krankheit nahm ihren Lauf und Kaldanu verstarb.

Ravana war nun Witwe, mit all den schlimmen Folgen: Ihr Haar wurde abgeschnitten, sie musste den weißen Witwensari tragen. Die Leute betrachteten sie als Unheilbringerin und mieden sie. Ihre beiden Söhne, sechzehn und neunzehn Jahre alt, hielten zwar noch zu ihr, aber auch sie gaben ihr die Schuld am Tod des

Vaters. Als Ravana immer schwächer wurde, brachten ihre Söhne sie zum Arzt. Wieder die schreckliche Diagnose: Aids. Damit war ihr Schicksal besiegelt. Die Familie stieß sie aus. Eine primitive Hütte am Dorfrand war nun ihre Unterkunft. Nur manchmal brachte man ihr ein wenig Essen. Die Dorfbewohner, auch ihre Söhne, die ganze Sippe wollten nichts mehr mit ihr zu tun haben. Da es keine Aufklärung über die Ansteckung mit Aids gibt, werden die Kranken bis heute in vielen Dörfern Indiens völlig ausgestoßen.

Ravana wurde immer verzweifelter, dachte an Selbstmord und überlegte, wie sie sich in ihrem Zustand Gift beschaffen könnte.

In Kanchireddi gab es eine kleine christliche Gemeinde, die von Pastor Indar betreut wurde. Dieser hörte vom Schicksal Ravanas und besuchte sie. Sie staunte, wie unbefangen Pastor Indar ihr begegnete – er hielt nicht Abstand, sondern setzte sich zu ihr, hatte sogar Essen mitgebracht und aß mit Ravana aus derselben Schüssel. Er teilte mit ihr den Brotfladen und tunkte ihn in dieselbe Currysoße. Wichtiger aber war, was er zu ihr sagte. »Wir Christen glauben an Jesus und er kann dir helfen. Er hat die Kraft, auch deine Krankheit zu heilen. Er hört unser Gebet und hilft.« Mit einfachen Worten gab er ihr so wieder Mut und Hoffnung.

Pastor Indar nahm Ravana mit nach Vizag in das Missionszentrum der Nethanja-Kirche. Dort begegnete sie Bischof Singh. Er legte ihr die Hände auf, salbte sie mit Öl, betete für sie und segnete sie. »Jesus wird dir helfen und dich heilen«, sprach er ihr zu. Er bot Ravana an, ins Witwenheim zu ziehen, und sie blieb. Zunächst änderte sich an ihrem Zustand nichts. Immer wieder betete Bischof Singh mit ihr und machte ihr Mut. »An unserem ausdauernden Gebet sieht Jesus unser Vertrauen. Er wird helfen, zur rechten Zeit«, ermutigte er Ravana.

Vier Monate waren vergangen. Doch Ravana verlor nicht den Mut. Im Gegenteil – ihr Glaube und ihr Vertrauen wuchsen. Einmal sagte sie: »Auch wenn Jesus meinen Körper nicht heilen will, hat er schon meine Seele geheilt. Ich vertraue mich ihm ganz an.« Ravana hatte zum Glauben gefunden. Sie bat um die Taufe und lebte jetzt ganz bewusst als Christin.

Dann besserte sich ihr äußerer Zustand. Nach einem halben Jahr wurde Ravana immer kräftiger. Bischof Singh bat einen Arzt, sie zu untersuchen. Dieser konnte keine Krankheit mehr feststellen. Zusätzlich unterzog sie sich im Krankenhaus der Nethanja-Kirche in Kondala Agraharam einem ausführlichen Test – mit demselben Ergebnis. Ravana war gesund. Sie ließ ihren Söhnen eine Botschaft überbringen. Schon ein paar Tage später reisten sie an und hielten verblüfft das schriftliche Attest des Krankenhauses in den Händen. Glücklich nahmen sie ihre Mutter wieder mit nach Hause.

Ravana wurde zur Missionarin in ihrer Familie, ja im ganzen Dorf. Fröhlich bezeugte sie die Kraft und die Hilfe, die Heilung an Leib und Seele durch Jesus und wurde so für viele Menschen zu einer Begleiterin zum Glauben. »Die Krankheit hat in meinem Leben Glück gebracht!«, sagte sie immer wieder.

Wo kein Mensch mehr helfen kann

Nagumus Familie gehört zu einer höheren Kaste und verfügt über großen Grundbesitz. In ihrem Dorf Tamata, das im Vizianagaram-Distrikt in Südindien liegt, ist die Familie hoch geachtet. Schon am Eingang ihres Hauses steht ein großer Hausaltar, an dem sie ihre Gebete verrichtet und den Göttern täglich Gaben bringt. Ihre besondere Familiengottheit ist Yellamma, die Göttin für Gesundheit und Wohlstand.

Nagumu war ein aufgeschlossener Junge, freundlich, hilfsbereit, intelligent, mit den besten Schulnoten – der ganze Stolz seiner Eltern. Doch an seinem sechzehnten Geburtstag veränderte sich plötzlich sein Wesen. Seine Eltern brachten ihn an diesem Tag zu einem bekannten Zauberpriester. Dieser sollte ihm für sein weiteres Leben Glück zusprechen. Der Priester behielt ihn für eine Nacht in seinem Haus und vollzog an ihm seine Besprechungen und Riten. Er gab ihm Amulette und ließ sich dafür reichlich entlohnen. »Euer Sohn steht jetzt unter dem besonderen Schutz der Götter und wird ein glückliches und erfolgreiches Leben haben«, versprach er der Familie. Aber das Gegenteil war der Fall. Zuerst war Nagumu depressiv. Er sprach kaum noch und saß viele Stunden völlig abwesend in einer Ecke. Dann erlitt er immer häufiger Zorn- und Wutausbrüche: Ohne jeden Grund schlug er auf die Eltern ein oder griff seine Schwester an. Dabei entwickelte er solche Kraft, dass er kaum zu bändigen war. Seine Eltern wussten sich nicht mehr zu helfen – sie fesselten ihn mit Stricken, um die Familie zu schützen. Während sie ihn festbanden, fluchte Nagumu und stieß schreckliche Wutschreie aus.

Die Eltern brachten ihn zu berühmten Zauberern, besuchten viele Tempel, opferten den Göttern. Doch nichts half. Schließlich gingen sie mit ihm auf eine Wallfahrt nach Varanasi, der heiligsten Stadt der Hindus am Ganges. Sie hofften, dass er geheilt würde, wenn er im göttlichen Gangeswasser untertauchte. Doch alles war vergeblich.

Dann verschwand Nagumu für viele Tage im Dschungel. Erst nach Wochen tauchte er wieder auf – verwildert und verstört. Die verzweifelte Familie nagelte schweren Herzens einen stabilen Käfig im Hof zusammen. Dort saß er nun, gefangen wie ein wildes Tier.

Seine Schwester Surayana litt mit ihm in diesen schlimmen Monaten. Sie konnte ja auch nicht helfen. Eine Freundin nahm sie an einem Sonntag mit in den Gottesdienst der christlichen Gemeinde in Tamata. Pastor Paul predigte über die Kraft Jesu, und Surayana hörte tief bewegt zu. War da Hoffnung? Nach dem Gottesdienst passte sie Pastor Paul ab und erzählte ihm von ihrer Not.

»Ja, Jesus hat Kraft. Er kann deinem Bruder helfen. Wir wollen für Nagumu beten«, tröstete er das Mädchen.

Zu Hause gab Surayana mit leuchtenden Augen Pastor Pauls Worte wieder. Doch die Eltern wollten nichts davon hören. »Dieser Pastor wird unser Haus nicht betreten«, verkündete der Vater. Aber Surayana besuchte weiterhin den Gottesdienst und freundete sich mit den Christen an. Sie schloss ihr Herz für das Evangelium auf und glaubte an Jesus.

Schon zwei Monate vegetierte Nagumu in seinem Käfig. Die Mutter reichte ihm das Essen durch eine kleine Öffnung. Wenn der Käfig gesäubert werden musste, waren zwei oder drei Männer nötig, um ihn festzuhalten und zu fesseln. Surayana aber saß viele Stunden vor dem Käfig. Sie erzählte mit leiser Stimme die Jesusgeschichten, die sie in der Kirche gehört hatte, und sang christliche Lieder. Manchmal tobte Nagumu dabei. Doch im Lauf der Zeit wurde er immer ruhiger. Surayanas Gegenwart tat ihm gut.

An einem Morgen saß sie wieder vor dem Käfig. Da hörte sie plötzlich eine Stimme: »Surayana, geh zu deinem Bruder in den Käfig und segne ihn im Namen Jesu. Jesus wird seine Kraft jetzt zeigen.« Ohne Zögern schloss Surayana die Käfigtür auf, schlüpfte hinein und legte ihrem Bruder die Hände auf. Ihre Eltern sahen sie und eilten aufgeregt herbei. »Bleib weg. Er wird dich töten«, riefen sie. Doch Surayana antwortete mit fester Stimme: »Jesus ist mit mir. Er will Nagumu jetzt heilen.«

Und sie sahen staunend, was geschah. Surayana legte ihrem Bruder die Hände auf und sprach einen Segen. Nagumu blieb ganz ruhig. Dann begann er zu weinen. Er nahm seine Schwester in die Arme und sagte mit tränenerstickter Stimme: »Mir ist so wohl. Ich habe keine Last mehr. Ich bin frei. Jesus hat mich befreit.«

Das Wunder war geschehen – Nagumu war gesund. Das Böse, das ihn gefangen gehalten hatte, war im Namen Jesu gewichen.

Der schlichte Glaube des Mädchens hatte den bösen Bann gebrochen. Nach drei Monaten ließ sich die ganze Familie taufen. Nagumu stand ruhig und strahlend vor der ganzen Gemeinde. »Ich will in Zukunft Josef heißen. Jesus hat mich in seine Gemeinschaft genommen. Ihm will ich in Zukunft ganz dienen.«

Zurzeit besucht Nagumu – nein, Josef – die Bibelschule der Nethanja-Kirche in Vizag und lässt sich zum Pastor ausbilden.

Gift wirkt Leben

Der achtzehnjährige Nagu brennt für das Evangelium und redet von Jesus, wann immer sich eine Möglichkeit ergibt. Er leitet die Jungengruppe der christlichen Gemeinde Vadapalli bei Vizag und hat schon viele Jugendliche zu Jesus geführt. Seine ganze Familie, die Eltern und zwei Schwestern, sind ebenfalls treue Mitglieder der Gemeinde. Das war nicht immer so. Die Glaubensgeschichte von Nagu und seiner Familie ist eine Wundergeschichte, eine Jesusgeschichte.

Nagus Familie ist eine hochgeachtete Familie aus einer oberen Kaste in Vadapalli. Mit mehr als 200 Kühen, 300 Schafen und etwa 200 Ziegen zählen sie zu den Reichen des Dorfes.

Als strenggläubige Hindus hatte die Familie ihrem Hauptgott, dem Schlangengott, in Dorfnähe einen Tempel gebaut, in dessen Zentrum sich ein großer verlassener Termitenhügel befand. Dort hatten sich viele Schlangen eingenistet. Es war vor allem Nagus Aufgabe, sich um das Heiligtum zu kümmern. So brachte er den Schlangen täglich Nahrung: Ratten, Mäuse und an Festtagen auch Eier. Er zündete Räucherstäbchen an und sprach Gebete.

Im Dorf gab es auch eine christliche Gemeinde, betreut von Pastor Jakob von der Nethanja-Kirche. Nagu war ein erbitterter Feind der Christen. »Sie bringen nur Unglück ins Dorf«, sagte er immer wieder. Jedes Mal, wenn Nagu am Tempel war, fiel sein Blick auf die kleine Kirche. »Die Schlangengötter sollen sie strafen«, murmelte er. Eines Nachts schlich er sich zur Kirche und warf eine brennende Fackel hinein. Doch die Christen entdeckten das Feuer rechtzeitig und löschten es. Nagu trieb seine Herden bewusst immer wieder über das Kirchengelände – die Rinder hinterließen Kuhfladen und die Ziegen fraßen das mühsam angebaute Gemüse. »Ich werde keine Ruhe geben, bis die Christen verschwinden«, drohte er.

Einmal war Nagu mit einer Schafherde unterwegs. Er hörte ein Schnauben, wandte den Kopf, doch es war zu spät. Ein wildes Rind griff die Herde an. Die Schafe stoben in Panik auseinander und Nagu hatte große Mühe, die Tiere wieder zu beruhigen. Ein paar Dorfbewohner rannten herbei und halfen ihm, die Schafe zusammenzutreiben. In der Ferne hörte Nagu ein Lamm kläglich blöken und er eilte zu ihm, um es zur Herde zurückzuholen. Während er über das Feld rannte, übersah er eine Schlange. Er trat direkt darauf, das Tier wickelte sich um sein Bein und biss Nagu zwei Mal in die Wade. Er schrie auf und schüttelte die Schlange panisch ab. Doch das Gift begann in seinem Körper zu wirken. Die herbeigeeilten Helfer alarmierten den Medizinmann, aber der schüttelte nur den Kopf, als er Nagu untersuchte: »Da kann niemand mehr helfen«, sagte er. Der ebenfalls herbeigeeilte Hindupriester verkündete sogar: »Wir sollten nichts mehr machen. Ausgerechnet die Schlangengötter strafen Nagu. Was muss er für große Sünde begangen haben!« Die Menschen wichen zurück, selbst Nagus Eltern ließen ihn sterbend am Feldrand liegen.

Pastor Jakob und einige Gemeindeälteste, die gerade in der nahe liegenden Kirche zu einer Besprechung zusammen waren, sahen, wie die Menschen vor Nagu flüchteten. Kurz entschlossen eilten sie zu ihm, redeten beruhigend auf ihn ein. Sie trugen Nagu in die Kirche und knieten nieder zum Gebet. Inzwischen war er bewusstlos geworden und atmete nur stoßweise. Vor der Kirche versammelten sich die Leute in respektvoller Entfernung. »Hört auf, lasst ihn sterben! Die Schlangengötter haben ihn gerichtet«, riefen sie. Aber die Gruppe betete weiter. Stundenlang. Nach zwei Stunden war Nagu immer noch am Leben. Das war ein Wunder, denn eigentlich tötet das Schlangengift innerhalb einer Stunde. Die Gruppe der Christen blieb im Gebet. Pastor Jakob goss etwas Öl für die Krankensalbung auf seine Finger und berührte den Körper des Bewusstlosen. Fünf Stunden knieten sie nun schon vor Nagu. Und Jesus erhörte ihr Rufen. Nagu schlug die Augen auf und kam zu Bewusstsein. Die Menschen, die vor der Kirche zusahen – auch Nagus Familie –, starrten ungläubig auf den Jungen. Nagu konnte noch nicht aufstehen oder sprechen. Pastor Jakob erhob sich, trat vor die Kirche und bat die Familie: »Lasst ihn hier, wir wollen ihn versorgen und wieder beten. Jesus wird Nagu wieder ganz gesund machen.«

Es dauerte zwei Wochen, dann war Nagu wieder ganz genesen. Er kniete sich vor die Gemeinde, bereute seine Sünden und seinen Hass auf die Christen und bat um Vergebung. »Ich will in Zukunft Jesus dienen und ihm vertrauen.«

Er blieb bei seiner Entscheidung und durch ihn fand seine ganze Familie zum Glauben. Nach einem Jahr ließen sich alle taufen.

Liebe sprengt harte Herzen auf

Naraya lag auf der Straße, zerlumpt, krank, entkräftet, dem Tode nahe. Als Pastor Daniel sie sah, blieb er stehen, beugte sich zu ihr hinab und sprach sie an. Sie musste nicht lange überlegen, als er sie fragte, ob sie im Witwenhaus der Nethanja-Kirche in Vizag wohnen wollte. In den folgenden Wochen erholte sie sich ganz langsam, nahm wieder am täglichen Leben teil. Dann erzählte sie Pastor Daniel ihre Geschichte.

Sie war wohlbehütet in einer Familie der oberen Kaste aufgewachsen. Mit zwanzig Jahren verheirateten ihre Eltern sie mit Shuka, einem Großgrundbesitzer, mit dem sie eine gute Ehe führte. Im Lauf der Jahre wurden drei Söhne geboren. Die Familie war hoch angesehen und galt als von den Göttern gesegnet. Als tiefgläubige Hindus vergaßen sie nie, den Göttern zu danken und Opfer zu bringen. »Wir wollen etwas von dem Segen weitergeben, den uns die Götter gewähren«, sagte Naraya oft zu ihrer Familie. Und das tat sie auch. Sie begegnete den Nöten vieler Menschen, hatte keine Berührungsängste und half sogar den Parias, den verachteten Kastenlosen. Nur eine Gruppe schloss sie von ihren Zuwendungen aus – die Christen. »Die sind keine richtigen Inder«, predigten die Hindupriester, »sie haben eine falsche Religion mit einem fremden Gott. Die Götter werden jeden strafen, der ihnen hilft.« Naraya glaubte ihnen.

Als sie fünfzig war, starb ihr Mann Shuka. Doch auch als Witwe setzte sie sich mit ganzer Kraft für ihre Familie ein. Sie ermöglichte allen drei Söhnen ein Studium, verhalf ihnen zu guten Berufen und suchte ihnen angesehene Ehefrauen aus. Schließlich übertrug sie ihr gesamtes Vermögen ihren Kindern – sie vertraute darauf, dass sie für sie sorgen würden. Doch ihre Schwiegertöchter hetzten gegen sie, bis sich ihre Söhne von ihr lossagten und sie verstießen. Verlassen irrte sie umher, lebte einsam in einer primitiven Bambushütte und hatte oft tagelang nichts zu essen. Um zu überleben, durchwühlte sie Müllhalden. Auch diejenigen, denen sie früher so oft geholfen hatte, wandten sich ab, wenn sie sie sahen. »Sie ist vom Unglück verfolgt! Die Götter haben sich abgewendet und strafen sie«, raunten sie sich zu.

Naraya verzweifelte immer mehr. Sie dachte an Selbstmord. Ihr Glaube war zerbrochen. So fand sie Pastor Daniel bei einem Besuch seiner Gemeinde im Dorf Anathara. Im Witwenhaus erholte Naraya sich und begann, in ihrer fürsorglichen und hilfsbereiten Art, die anderen Witwen zu umsorgen. Schon bald war sie eine wichtige Stütze für das ganze Heim. Hier hatte sie auch zum ersten Mal das Evangelium vom Retter und Helfer Jesus Christus gehört. Und diese Botschaft erreichte ihr Herz. »Früher war mein Herz felsenhart gegen die Christen. Aber eure Liebe und Hilfe haben die Felsen weggesprengt«, sagte sie zu Pastor Daniel. Sie ließ sich taufen und wurde eine treue Nachfolgerin. Aber ihre große Sehnsucht galt ihren Söhnen. Diese hatten über Verwandte gehört, dass ihre Mutter jetzt bei den Christen lebte und selbst Christin geworden war, und sie verachteten sie umso mehr.

Jeden Tag betete Naraya für ihre Söhne und deren Familien. Auch die ganze Gemeinde in Vizag betete jeden Freitagabend in der Gebetsstunde für Narayas Kinder. Eines Tages standen alle drei Söhne im Hof des Witwenhauses. Die Söhne ergriffen weinend Narayas Hände. Sie erzählten ihrer Mutter, dass sie durch gewagte finanzielle Spekulationen ihr ganzes Vermögen verloren hatten. »Hilf uns, Mutter«, baten sie.

»Ich habe euch damals alles gegeben. Alles, was ich inzwischen angespart habe, sind 2 000 Rupien. Die könnt ihr gerne nehmen. Ich brauche sie nicht. Ich habe hier mein Glück gefunden. Nicht in äußerem Besitz, sondern im Glauben an Jesus Christus und in der Gemeinschaft der Glaubenden.«

Die Söhne wussten nichts zu sagen. Beeindruckt von ihrer Mutter, blieben sie einige Tage und hörten in den Gottesdiensten und Andachten das Evangelium.

Und das Wunder geschah. Die Liebe veränderte ihre harten Herzen. Alle drei kamen zum Glauben. Unter Tränen baten sie ihre Mutter um Vergebung. Sie verabschiedeten sich und begannen zu Hause ein neues Leben. Nach einem Jahr holten sie ihre Mutter zurück. Heute lebt die Großfamilie zwar unter einfachen Umständen, aber einträchtig zusammen. Naraya betont immer wieder: »Ein größeres Wunder kann ich mir nicht denken, als dieses, wie Jesus meine ganze Familie gerettet und zum Glauben gebracht hat.«

Bis heute besucht sie mehrmals im Jahr das Witwenheim und hilft dort tatkräftig mit.

Simon: Die Erhörung

Kavitha und Saddi bebauen ein Stück Land und verdienen sich ein gutes Zubrot durch Saddis kleine Werkstatt für Fahrradreparaturen. Beide sind in christlichen Familien aufgewachsen und leben ihren Glauben selbstbewusst. Da es in ihrem kleinen Dorf noch keine christliche Gemeinde gibt, besuchen die beiden die Gottesdienste der Gemeinde in der etwa 20 Kilometer entfernten Stadt Vizag. Jeden Montagmorgen sehen sie sich die evangelistische Fernsehsendung von Bischof Singh an und laden dazu auch ihre Nachbarn und Bekannten ein, von denen sich einige für das Evangelium zu öffnen beginnen.

Bischof Singh predigte öfter auch über ganz praktische Themen wie Ehe und Familie. Dabei ermutigte er zu einem vorbildlichen Leben. »Es gibt so viele Frauen, die in Ehen und Familien geschlagen, gedemütigt und missbraucht werden. Bei Gott hat jede Frau höchste Würde und ewigen Wert. So viele Kinder, die ohne christliche Hilfe, Zuwendung und Liebe verkümmern. Jesus liebt besonders die Kinder. So viele Männer, die trinken, ihre Familie ruinieren und Böses tun. Jesus hat dem Mann eine besondere Fürsorgeaufgabe und Verantwortung für die Familie übertragen«, sagte Singh. »Wir sollen als Christen nach Jesu Willen leben und so Eltern zeigen, dass ein Leben mit Jesus Erfüllung gibt.«

Kavitha und Saddi hörten immer sehr bewusst zu. Ja, so wollten sie als Zeugen für Jesus leben. Aber es gab einen großen Schmerz in ihrem Leben. Sie waren nun schon vier Jahre verheiratet, aber noch immer hatten sie keine Kinder. Manchmal spürte Kavitha die verächtlichen Blicke der Leute. Nach einem Gottesdienst klagten sie Bischof Singh ihre Not. Er betete mit ihnen, segnete sie unter Handauflegung und ermutigte sie: »Jesus hat eure Not gehört und er wird helfen. Bleibt beständig in der Bitte.« Nach einem Jahr wurde Kavitha schwanger. Die Freude bei beiden war riesig und sie dankten Jesus öffentlich in der Gemeinde.

In Indien wird pro Schwangerschaft eine Vorsorgeuntersuchung vom Staat bezahlt. Nach einigen Wochen ging Kavitha zur Untersuchung. Der Arzt sah sich die Ultraschallbilder sehr gewissenhaft an. Er runzelte die Stirn und sagte ernst: »Das Kind ist nicht normal entwickelt. Es ist vermutlich schwer geschädigt und hat wohl weder Arme noch Beine. Ich rate Ihnen, das Kind abzutreiben. Machen Sie sich keine Sorgen – der Staat übernimmt die Kosten dafür.«

Die beiden waren tief getroffen und verunsichert. Mit ihren Ängsten und Fragen kamen sie zu Bischof Singh. »Ich will darüber beten und Jesu Willen erfragen«, sagte er. »Kommt morgen wieder, dann reden wir weiter.«

Am nächsten Tag gab er ihnen seinen seelsorgerlichen Rat: »Kinder sind eine Segensgabe Gottes«, begann er. »Wir alle haben für euch um ein Kind gebetet. Jetzt sollten wir es auch als Gabe Gottes annehmen – was immer die Ärzte auch sagen. Vertraut auf Jesus. Er wird euch helfen. Wir alle werden weiterhin für euch beten.«

Die beiden nahmen seinen Rat an. Trotzdem begann besonders für Kavitha eine schwere Zeit. Manchmal überfiel sie die Angst so stark, dass sie in tiefe Schwermut versank. Bischof Singh bat Pastor Amos, der in der Nähe wohnte, die beiden zu begleiten. Nach dem Gottesdienst besuchte er sie mehrmals, betete mit ihnen und sprach ihnen Mut zu.

Als die Zeit der Geburt kam, nahm Bischof Singh die beiden zu sich ins Missionszentrum – dort gab es auch einen Arzt. Das Kind wurde geboren. Als der Arzt das Neugeborene in den Händen hielt, lachte er laut. »Es ist ein Junge, kerngesund, ohne jede Missbildung!«, sagte er und legte der Mutter das Kind in den Arm. Die Eltern waren überwältigt. Die ganze Gemeinde dankte und lobte Jesus. Kavitha und Saddi brachten ihren Sohn in den Gottesdienst zur Segnung und Namensgebung. Die ganze Gemeinde freute sich mit ihnen, als Bischof Singh den Kleinen im Arm hielt und das Segensgebet sprach. »Du sollst Simon heißen«, sagte er, »denn Jesus hat unsere Bitten erhört. Dein ganzes Leben soll ein Zeugnis für ihn werden. Wir alle wollen in unserem Vertrauen nicht nachlassen und zu Gottes Ehre leben.«

Kein hoffnungsloser Fall

Sagars Familie sind Christen. Auch das gibt es Indien: Sein Vater Ranu ist Christ und gleichzeitig ein angesehener, erfolgreicher Geschäftsmann. Durch seine Ehrlichkeit, Fairness und absolute Verlässlichkeit gewann er das Vertrauen seiner Kunden – seine Fabrik für Kleinmotoren lief sehr gut. In allem Erfolg blieb er bescheiden und half den Bedürftigen. Auch seine Frau Sunna war wegen ihrer Wohltätigkeit und ihres Einsatzes für Rechtlose hoch angesehen.

Sagar war ihr einziges Kind, und sie erzogen ihn mit großer Bedachtsamkeit. Keinesfalls sollte er durch den Reichtum verführt werden. »Geld ist ein Segensgeschenk von Jesus. Es ist ein anvertrautes Gut und soll auch zur Hilfe von Bedürftigen genutzt werden. Wir sind nur Verwalter, nicht Besitzer«, erklärte Ranu seinem Sohn. »Man kann es auch in einem Satz zusammenfassen: Geld ist ein schlechter Herr, aber ein guter Diener.«

Sagar wuchs heran und hörte auf seine Eltern. Doch mit sechzehn Jahren veränderte er sich. Kameraden, die die Gesellschaft des reichen Erben suchten, wiegelten ihn auf: »Deine Eltern sind viel zu streng. Warum vertrauen sie dir nicht? Sie wollen alles für sich haben. Es wird doch einmal alles dir gehören. Nimm doch schon jetzt, was dir sowieso zusteht.«

Sagar begann an seinen Eltern zu zweifeln, wurde immer unzufriedener, begehrte auf. Es kam oft zum Streit zwischen Vater und Sohn. Verführt durch die falschen Freunde, begann er Drogen zu nehmen. Um sie zu beschaffen, bestahl er seine Eltern, verkaufte sogar Schmuck seiner Mutter. Die Eltern waren schockiert und verletzt, es kam zu hässlichen Auseinandersetzungen. Sagars Eltern versuchten zu ihrem Sohn durchzudringen – mit Geduld und Liebe, dann mit Härte und Strenge. Aber sie erreichten nichts.

Mehrmals stand die Polizei vor der Tür, weil Sagar Diebstähle begangen hatte, um seine Sucht zu finanzieren. Sein Vater holte ihn jedes Mal aus dem Gewahrsam und bezahlte hohe Strafen.

Schließlich heckte Sagar einen bösen Plan aus, wie er zu Geld kommen könnte. Eines Nachts, der Vater war nicht zu Hause, überfiel er seine eigene Mutter. Er fesselte sie, schleppte sie aus dem Haus und brachte sie in ein vorbereitetes Versteck. In einem Erpresserbrief forderte er von seinem Vater ein hohes Lösegeld. Dieser rief die Polizei, der Verdacht fiel schnell auf Sagar, man verhaftete ihn am nächsten Tag und fand die Mutter. Sagar kam vor Gericht. Die Eltern konnten ihm nicht mehr helfen. Er wurde zu zehn Jahren Gefängnis verurteilt.

Damit begann für ihn eine schlimme Zeit. Er wurde von den anderen Häftlingen verspottet, geschlagen und auf vielerlei Weise gedemütigt. Seine Eltern waren durch seinen Vertrauensbruch tief verletzt und verstört, gleichzeitig litten sie mit ihm. Bei ihrem Gemeindepastor Jakob suchten sie Rat. Dieser versuchte immer wieder, Sagar im Gefängnis zu besuchen, doch Sagar wollte ihn nicht sehen. Der Junge war voller Zorn und Wut auf seine Eltern, weil ihm seine falschen Freunde eingeflüstert hatten, dass diese ihm alles verweigerten.

Der einzige Luxus im Gefängnis war ein Fernseher. Veddu, ein Gefängniswärter, der auch Christ war, schaltete am Montagmorgen oft die Sendung ein, in der Bischof Singh predigte. Für die Gefangenen war es eine Abwechslung und deshalb hörten einige halbherzig zu. An diesem Montag predigte Bischof Singh über das vierte Gebot: »Du sollst deinen Vater und deine Mutter ehren.« Er sprach von dem Segen, den derjenige erlebt, der nach den Geboten Gottes lebt. »Wer Vater und Mutter ehrt, erlebt wirklich, dass Jesus sein Leben segnet. Wer das Gebot missachtet, der zieht viel Unglück auf sich.«

Sagar saß in einer Ecke des Raumes, zunächst gelangweilt, aber dann immer betroffener. Das war ja seine Situation. Wie konnte der Bischof das wissen?

Als Pastor Jakob wieder einmal zu Besuch kam, ließ Sagar ihn nicht wegschicken. Die beiden sprachen lange miteinander. Sagar bekannte und bereute seine Sünden und bat um Vergebung. Pastor Jakob staunte. Als er Sagars Eltern berichtete, wie sich ihr Sohn verändert hatte, lachten sie vor Glück. »Jesus hat ein Wunder getan«, sagten sie, »er hat Sagar aus dem Untergang gerettet. Was wir mit unseren Bemühungen nicht erreichen konnten, hat Gott bewirkt – durch die Kraft seines Wortes!«

Als Pastor Jakob Bischof Singh bei einem Treffen von Sagar erzählte, begann dieser sich für den Gefangenen einzusetzen. Nach einem Jahr kam Sagar tatsächlich auf Bewährung frei.

»Ich war ein hoffnungsloser Fall für alle«, bekannte er vor der Gemeinde, »aber jetzt bin ich durch Jesus gerettet. Ich will ihm dienen.«

Weg mit den Götzen!

»Die Gunst der Götter zu gewinnen, ist das Wichtigste«, pflegt Subba Rao zu sagen, »sie werden uns im nächsten Leben reichlich belohnen.« Subba Rao lebt mit seiner Frau und drei Kindern in Amaveram. Er ist Kleinbauer, arbeitet auch als Kuli und kann so die Familie mühsam ernähren. Doch manchmal müssen er, seine Frau und die Kinder auch mehrere Tage hungern, vor allem in den heißen Sommermonaten. Das Geld ist knapp, da Subba Rao als strenggläubiger Hindu viel Geld für den Priester und die Götter aufwendet. Er bringt viele Opfer und spendet in den Tempeln viel. Mindestens zweimal im Jahr pilgert er wochenlang zu den heiligen Stätten – selbst wenn seine Kinder dafür aufs Essen verzichten müssen.

Eines Tages ertastete Subba Rao an seinem Bauch eine Beule. Als sie immer größer und härter wurde, riet der Arzt dringend zu einer Operation, verlangte aber vorab 50 000 Rupien. So viel konnte Subba auf keinen Fall aufbringen. Er wandte sich an seine Götter, ging in den Tempel, gab dem Priester viel Geld und sprach viele Gebete. Vergebens. Die Geschwulst wuchs und Subba Rao wurde schwächer. Bei einer erneuten Untersuchung stellte der Arzt fest, dass Subba Rao auch an Tuberkulose erkrankt war. Seine Überlebenschancen waren gering.

Schon früher hatte Subbas Frau Beula öfter heimlich die Versammlungen der christlichen Gemeinde in Amaveram besucht. Dort fand sie Trost und Stärkung. Sie erzählte Pastor Shuresh von der ernsten Erkrankung ihres Mannes. »Ich will für ihn beten«, versprach er.

Pastor Shuresh wollte Subba besuchen, doch dieser wollte auf keinen Fall mit ihm reden. Er war zornig und wütend auf seine Frau: »Du bringst all das Unglück über uns, weil du zu diesem fremden Gott gehst«, rief er. Er suchte weiter die Hilfe seiner Götter. Weil der Priester immer viel Geld für Opfer und Gebete verlangte, verkaufte Subba Rao schließlich sogar das kleine Stück Land, das die Familie bis jetzt notdürftig ernährt hatte. Aber alle Opfer und Gebete halfen nicht. Die Götter schwiegen. Die Krankheit schritt fort und schließlich lag Subba völlig kraftlos in seiner Hütte, den nahen Tod vor Augen.

Beula wusste nicht mehr aus und ein. Weinend sprach sie mit Pastor Shuresh, doch er konnte sie nicht mehr trösten und spürte selbst Zweifel. In der Nacht nach dem Gespräch mit Beula hatte er einen Traum. Er sah Subba Rao gesund und fröhlich im Gottesdienst in der Kirche sitzen und hörte eine Stimme, die zu ihm sagte: »Gehe zu Subba und sage ihm: ›Jesus wird dir helfen.‹« Pastor Shuresh war hin- und hergerissen. War das nur sein Wunschdenken? Konnte er es wagen, auf diesen Traum hin zu handeln?

Am nächsten Morgen rang er sich durch, Subba Rao aufzusuchen. Er ließ sich nicht abweisen und sagte mit fester Stimme: »Subba, Jesus wird dich gesund machen. Vertraue ihm, und nicht den Göttern. Er hat Kraft und wird eingreifen.«

Subba wollte erst nichts hören, aber schließlich sagte er kraftlos: »Wer ist dieser Gott Jesus? Erzähle mir mehr von ihm.«

Pastor Shuresh las ihm aus der Bibel einige Wunder- und Heilungsberichte vor. Ganz langsam fasste Subba Vertrauen und ließ zu, dass Pastor Shuresh für ihn betete.

Sechs Monate lang besuchte Pastor Shuresh den Kranken täglich. Manchmal begleiteten ihn zehn Gemeindeälteste. Sie knieten am Krankenlager nieder und riefen Jesus um Hilfe an. Zunächst blieb Subbas Zustand unverändert – zumindest äußerlich –, aber in seinem Herzen geschah Veränderung. Er öffnete sich für das Evangelium und begann selber mitzubeten. Eines Tages setzte sich Subba Rao in seinem Bett auf. Langsam stand er auf – und fühlte sich gesund. Seine Kräfte waren zurückgekehrt. Auch eine Untersuchung beim Arzt bestätigte die völlige Heilung.

Die Familie war überglücklich. »Ich will in Zukunft ganz Jesus vertrauen und mit ihm und für ihn leben«, bekannte Subba öffentlich. Er sammelte alle Götterbilder, Amulette und Glücksbringer in seinem Haus ein, warf sie in den Hof, übergoss sie mit Benzin und zündete sie an. »Ich brauche keine Götter mehr. Jesus ist mein Schutz und mein Halt.«

Die Dorfbewohner waren beeindruckt. Nach einem Jahr ließ sich Subba Rao und seine ganze Familie taufen. Sie sind alle bis heute treue Christen.

Die bösen Geister besiegen

Zunächst verdarben Schädlinge die Gemüsepflanzen. Dann blieb der Regen aus und der Reis verkümmerte. Eine Missernte nach der anderen. Verzweifelt suchte der Bauer Chinnaba die Hilfe der Götter. Er baute Ganesha, dem Gott mit dem Elefantenkopf, einen Altar, stellte ein Abbild auf und brachte Opfer. Nach der Missernte bearbeitete Chinnaba mit seiner Frau Deeva und den drei Kindern weiterhin sein großes Stück Land, das er von den Eltern geerbt hatte. Aber nichts änderte sich. Seine Felder blieben vom Unglück verfolgt. Er erzielte wenig Ertrag. In seinem Dorf Gunada im Delta des Godavariflusses gab es eine christliche Gemeinde, geleitet von Pastor Jannadi. Chinnabas Frau Deeva ging immer wieder zu den Gottesdiensten, Chinnaba ließ sie gewähren. Es konnte nicht schaden, noch einen Gott auf seiner Seite zu haben, dachte er. Deeva bedrängte ihren Mann, doch auch einmal mitzugehen. »Jesus ist ein mächtiger, helfender

Gott, gerade für die, die in Not sind«, sagte sie. Er ließ sich überreden, begleitete sie, und das Evangelium erreichte sein Herz. Bald ging die ganze Familie regelmäßig zum Gottesdienst. Nach einigen Monaten ließen sie sich taufen. Jetzt beteten sie, bevor sie säten oder die Gemüsesetzlinge ausbrachten. Und der Segen Jesu wurde sichtbar. Sie brachten reiche Ernten ein.

Chinnabas Nachbarn, Kandu und Rako, hatten schon lange ein Auge auf seine Felder geworfen und hofften darauf, dass er – entmutigt durch seine Missernten – verkaufen würde. Es gefiel ihnen nicht, dass Chinnaba plötzlich gute Ernten einbrachte. Missmutig suchten sie den Dorfzauberer auf und zahlten ihm Geld. »Verhänge einen Fluch über unseren Nachbarn«, sagten sie zum ihm. Der Dorfzauberer kassierte das Geld, erhob sich und sprach einen Todesfluch über Chinnaba aus. Mit derartigen Mitteln versuchen Hindus oft, ihren Feinden zu schaden. Aus Erfahrung wissen sie, dass die bösen Mächte Kraft haben. Satan ist ein Zerstörer. Doch an Menschen, die bewusst mit Jesus leben, prallen seine Angriffe ab, die schädlichsten Flüche bleiben bei ihnen ohne Wirkung. Das haben die Christen immer wieder erfahren.

Aber Chinnaba hatte eine schwache Stelle. Er war zwar Christ und vertraute Jesus, doch an einem geheimen Ort hatte er noch immer das Götterbild des Wohlstandsgottes Ganesha stehen und brachte ihm sogar manchmal Opfer. Immer noch dachte er, es könnte nicht schaden, noch einen weiteren Gott auf seiner Seite zu haben. Das war das Einfallstor, durch das die bösen Kräfte Eingang fanden in seine Seele. Er wurde immer unruhiger, konnte nicht mehr richtig schlafen. Manchmal wurde er grundlos zornig und begann zu toben. Dann gab es Zeiten, in denen er völlig teilnahmslos für viele Stunden dasaß. Seine Frau war verzweifelt und rief Pastor Jannadi. Als dieser mit Chinnaba sprach, erkannte er bald den Einfluss dämonischer Geister. »Wo hast du den Geistern Möglichkeiten gegeben, dich anzugreifen?«, fragte er eindringlich, und Chinnaba bekannte unter Tränen seinen heimlichen Götzendienst.

Pastor Jannadi ging mit ihm und einigen Gemeindeältesten zu dem Götterversteck. Er sprach dort ein Löse- und Befreiungsgebet, anschließend schlug Chinnaba mit einem Hammer das Götterbild in Stücke und sagte sich von allem Götzendienst los. Von dieser Stunde an wurde er wieder frei. Alle Ängste verschwanden, die Depressionen und Zornausbrüche hörten auf. Er lebte jetzt wieder im kindlichen Glauben an Jesus. Die Dämonen waren von ihm gewichen, aber sie gaben sich nicht geschlagen. Nun besetzten sie das Innere der beiden Feinde von Chinnaba – ihr Fluch fiel auf sie selbst zurück.

Die Christen erkannten, dass diese beiden die Urheber von Chinnabas Nöten gewesen waren. Aber sie empfanden keine Schadenfreude oder hegten Rachegedanken. Im Gegenteil – die Gemeinde begann intensiv für Kandu und Rako zu beten. »Herr Jesus, du hast alle Macht. Du hast Chinnaba vom Bösen befreit. Zeige diese gleiche Kraft auch an seinen Feinden, damit die Menschen dich erkennen und anbeten«, beteten sie.

Kandu und Rako standen nach einigen Tagen tatsächlich vor Pastor Jannadis Tür. Sie bekannten ihre bösen Pläne, taten Buße und baten um Vergebung. So wurden auch sie frei. Die bösen Geister mussten weichen. Wo der Satan ein Bollwerk gegen Jesus hatte aufrichten wollen, entstand nun ein breiter Weg für den Glauben. Viele Menschen in Gunada hatten den Kampf zwischen den bösen Mächten und Jesus mitverfolgt. Sie waren tief beeindruckt von dem Sieg, den die Christen durch Jesus errungen hatten, und sie begannen, den Christen zuzuhören. Nach einigen Monaten ließen sich mehr als fünfzig Dorfleute taufen. Wo der Böse mächtig geworden ist, da ist Jesus mächtiger.

Vom Tempelpriester zum Jesuszeugen

Die Hindus bringen Opfertiere, Schafe und Ziegen zu Sadana. Der junge Mann – er ist erst 25 Jahre alt – vollzieht die rituelle Schlachtung, ein Amt, das er von seinem verstorbenen Vater übernommen hat. Dabei sprengt er das Blut der Tiere über das Götterbild und nennt die Anliegen und Bitten der Menschen. Sadana lebt im Dorf Arukan im Ostsilergebiet. Er ist über die Ortsgrenzen hinaus bekannt als Priester am Tempel der Hindugöttin Pangalama. Trotz seiner Jugend respektieren ihn die Menschen. Sie vertrauen ihm, versorgen ihn und versammeln sich in Scharen, fragen ihn in persönlichen Angelegenheiten um Rat und sind bereit zu tun, was er befiehlt. Er sagt ihnen die Zukunft voraus und spricht ihnen den Segen der Götter zu. Er bestreicht ihre Stirn mit dem Opferblut – durch das sie Vergebung ihrer Sünden erlangen. Natürlich sind seine Dienste nicht kostenlos.

In kurzer Zeit ist Sadana ein reicher Mann geworden. Er könnte mit seinem Leben zufrieden sein.

Doch Sadana wurde von einer immer größeren Unruhe befallen. Als intelligenter Mann wusste er wohl, dass er weder besondere Kräfte noch besondere Verbindungen zu den Göttern besaß. Seine Ratschläge, Voraussagen und Weisungen stammten von ihm selbst, nicht von den Göttern. Doch er verdrängte diese Gedanken immer wieder. Zu bequem und ertragreich war sein Leben als verehrter Priester.

Eines Tages kam Pastor Abraham mit einer Gruppe junger Christen nach Arukan. Sie sangen christliche Lieder und predigten auf den Straßen. Sadana wurde wütend. Diese Leute verdarben ihm das Geschäft. Er hetzte die Menschen gegen die Gruppe auf: »Hört nicht auf sie«, schrie er, »das sind gefährliche Leute. Sie werden Unglück über uns bringen, weil sie unsere Göttin Pangalama beleidigen und verachten.« Die Menschen im Dorf griffen nach Stöcken und Messern und vertrieben die Gruppe um Pastor Abraham. »Lasst euch nie mehr hier blicken, wir werden euch töten«, riefen sie ihnen nach.

Am nächsten Tag brachte ein Dorfbewohner ein beschriebenes Blatt zu Sadana. Der Mann konnte nicht lesen. »Das haben die Christen zurückgelassen«, sagte er, »ich will kein Unglück in meinem Leben, wenn ich das behalte.« Es war ein christliches Traktat, die Auslegung eines Bibelwortes, Hebräer 9, Vers 12: »Das Blut von Schafen und Ochsen befreit dich nicht von den Sünden, sondern allein das kostbare Blut dieses heiligen teuren Mannes kann erlösen«, lautete der Vers in der Telugu-Übersetzung der Bibel. Dieses Bibelwort traf Sadana. Wer war dieser heilige Mann? Und was war das mit seinem Blut? Welche Erlösung konnte er geben? War hier die Antwort auf seine eigenen Zweifel und Fragen? Es ließ ihm keine Ruhe. In der Nacht ging er zu Pastor Abraham ins Nachbardorf und legte ihm seine Fragen und Zweifel ganz offen dar. Pastor Abraham erklärte Sadana, wer der »heilige Mann« ist, erzählte von Jesus und seinem Opfertod am Kreuz, wo er durch sein Blut die Versöhnung mit Gott vollzogen hat, sprach davon, dass jeder, der an Jesus glaubt, Vergebung der Sünden erfährt, in seinem Namen neuen Lebensfrieden und die Hoffnung des ewigen Lebens findet. Er gab Sadana eine Bibel mit. »Darin kannst du alles lesen: Wer Jesus ist, was er für dich getan hat und wie er dir ein neues Leben geben will.«

Sadana las in der Bibel, nächtelang. Das Evangelium erreichte sein Herz und er vollzog eine radikale Umkehr. Vor allen Dorfbewohnern sagte er sich vom Götterdienst los. Die Menschen, die ihn verehrt hatten, verstanden seine Entscheidung nicht. Sie waren verunsichert und zornig, bedrohten sogar sein Leben. Er floh vor der wütenden Menge und fand Unterschlupf bei Pastor Abraham. Dort konnte er für einige Monate bleiben. In dieser Zeit las er die ganze Bibel durch und sein Glauben festigte sich. Dann bat er um die Taufe, die Pastor Abraham freudig vollzog. »Mein Name soll von jetzt an Paulus sein, denn wie ihn hat mich Jesus vom Feind zum Nachfolger gemacht«, sagte er beim Taufgottesdienst. Sogar aus Arukan waren Leute gekommen, um zu sehen, was aus Sadana geworden war. Drei der Familien wurden ebenfalls Christen.

Nach einiger Zeit fasste Paul den Entschluss, selbst Pastor zu werden. Mit einer Empfehlung von Pastor Abraham wurde er in die Bibelschule der Nethanja-Kirche in Vizag aufgenommen. Im Jahr 2015 wird er sein Examen machen. Dann möchte er nach Arukan zurückgehen und dort, wo er als Tempeldiener die Menschen fehlgeleitet hat, Jesus als den wirklichen Retter verkündigen.

Der rechte Arzt

Während Pandur mit seiner Frau Magati und den beiden Kindern auf dem Hausaltar der Göttin Lakshmi – der Göttin des Wohlstandes und des Glücks – opfern, klingen vom Lautsprecher der nahen christlichen Kirche die Lieder zu ihnen herüber. Die kleine christliche Gemeinde in Dathi, einem Dorf in der Nähe von Vizag, wird von Pastor Paul von der Nethanja-Kirche geleitet. Die Gottesdienste finden in der selbst errichteten Lehmkirche statt. Wie oft in Indien üblich, ist auf dem Dach der Kirche ein Lautsprecher montiert. Die Lieder, Gebete und Predigten können so von vielen mitgehört werden, auch von Pandur und seiner Familie. Sie sind Kleinbauern mit ein wenig Land, das sie gerade so ernährt. Pandur arbeitet zusätzlich als Kuli für andere Landbesitzer und so können sie sogar ein wenig Geld zurücklegen. Damit soll die Ausbildung ihrer beiden Söhne, fünf und sieben Jahre alt, finanziert werden. Während Pandurs Familie der Göttin Opfer darbringt, dröhnt noch ein weiterer Laut zu ihnen in die Hütte: Jedes Mal, wenn die Christen Gottesdienst feiern, schalten die Hindupriester ihren Tempellautsprecher ein, um die Christen zu übertönen.

An einem Sonntag aber war der Tempellautsprecher kaputt, sodass der Kirchenlautsprecher klar und deutlich zu hören war. Magati war im Hof beschäftigt und hörte mit halbem Ohr zu. Pastor Paul predigte über Zachäus, der es zu Wohlstand bringen wollte, betrog und zusammenraffte. Als er jedoch Jesus begegnete, veränderte sich sein Leben völlig. »Jetzt hat Zachäus wirklich einen Schatz gefunden. Er ist reich geworden: reich an Frieden und Freude durch die Vergebung«, schloss der Pastor seine Predigt. Magati hatte ihre Arbeit unterbrochen und hörte den Worten konzentriert zu. Sie hatte sich schon immer gefragt, warum sie trotz aller Opfer und Gebete an die Göttin Lakshmi doch ein kümmerliches Leben führen mussten und bei Missernten oft in großen Nöten waren. Sie wollte mehr wissen über diesen Schatz bei Jesus und besuchte an den folgenden Sonntagen heimlich die Gottesdienste.

Ihre Besuche blieben nicht unbemerkt. Ihr Mann Pandur wurde zornig und machte ihr große Vorwürfe. Sie beruhigte ihn: »Ich will doch nur Genaueres wissen. Vielleicht hilft uns ja dieser Gott Jesus.«

Auch die Nachbarn und andere Dorfbewohner beobachteten sie argwöhnisch. »Sie wird Unglück über uns bringen«, sagten sie. »Sie zieht den Zorn der Götter auf uns.« Wenn sie Magati begegneten, verspotteten sie sie. Am Dorfbrunnen schlossen sie sie von ihren Gesprächen aus und machten der ganzen Familie das Leben schwer. Magati ging weiterhin in die Gemeinde und öffnete sich zunehmend für das Evangelium.

Doch nach fünf Monaten wurde sie sehr krank, bekam Atemprobleme und Herzbeschwerden. »Das ist die Strafe der Götter«, sagten die Nachbarn. Der Arzt verwies Magati an einen Herzspezialisten. Dieser kassierte viel Geld, verschrieb teure Medikamente, konnte aber auch nicht helfen. Magati wurde immer schwächer. Bald waren alle Ersparnisse aufgebraucht. Da sprach Pastor Paul sie an: »Nächste Woche finden Evangelisationen am Missionszentrum der Kirche in Vizag statt. Ich nehme dich mit. Dort wird auch vielen Kranken geholfen.« Magati war einverstanden.

Zu den Veranstaltungen kamen jeden Abend etwa fünftausend Menschen, Bischof Singh und andere Prediger verkündigten das Evangelium. Nach jeder Versammlung wurde für alle persönlich gebetet, die darum baten. Viele fanden so Hilfe und Heilung durch Jesus. Am dritten Abend reihte sich auch Magati in die Schar der Hilfesuchenden ein. »Wofür kann ich beten?«, fragte Bischof Singh.

»Dass Jesus mich heilt von meinen Atem- und Herzbeschwerden.«

Bischof Singh legte ihr die Hände auf, salbte sie mit Öl und bat Jesus um seine Hilfe und Kraft. »Es ging wie ein Strom durch meinen Körper«, erzählte Magati später. Von diesem Augenblick an war sie geheilt. Zusammen mit den vielen anderen, die Hilfe erfahren hatten, lobte und dankte sie Jesus.

Magati kehrte nach dieser Woche glücklich in ihr Dorf zurück. Ihre Heilung berührte ihren Mann tief und er entschloss sich, sie zum Gottesdienst zu begleiten. Schließlich fand auch er zum lebendigen Vertrauen auf Jesus. Sie ließen sich taufen und sind weiterhin treue Gemeindeglieder.

»Über denen, die im Dunkel sind, soll es hell werden«

Radna Raju ist von seinem Wesen her kein furchtloser Mensch. Doch schon oft hat er in schwierigen Situationen großen Mut bewiesen. So auch vor vielen Jahren, als ihn fanatische Hindus gefangen nahmen. »Hör auf, von diesem Jesus zu predigen, oder wir zünden dein Haus an«, drohten sie.

»Das könnt ihr tun«, antwortete er, »aber dann werden die Menschen fragen: ›Wer ist dieser Jesus, für den Raju alles zu ertragen bereit ist?‹«

Zähneknirschend ließen sie ihn gehen.

Radna Raju ist seit vielen Jahren wichtiger Mitarbeiter der Nethanja-Kirche. Schon 1978 ging er mit Vater Komanapalli in den Silerdschungel, um den Menschen vom Retter Jesus Christus zu erzählen. Er hat viele Gemeinden mitgegründet, qualvolle Situationen mit Weisheit und Besonnenheit durchgestanden und ist vielen zum Segen geworden.

Zunächst war er Pastor, wurde Dekan für das große Gebiet im Ostsilerdschungel und schließlich berief ihn Bischof Singh und die anderen Dekane in den Missionsrat, die Kirchenleitung. Zusammen mit zwei anderen Leitern trägt er die Verantwortung für die ganze Kirche. Als ich ihn nach einem seiner Deutschlandaufenthalte auf dem Stuttgarter Flughafen verabschiedete, sagte er: »Das war für mich eine sehr gute Zeit bei euch. Jeden Tag in Geborgenheit, ohne Angst vor Angriffen oder Schwierigkeiten. Trotzdem gehe ich jetzt gerne nach Indien zurück. Dort ist mein Platz und dort werde ich gebraucht. In Indien fühle ich mich näher bei Jesus. Dort bin ich jeden Augenblick auf seine Hilfe angewiesen.«

Radna Raju ist verheiratet mit Krupa, die seinen Dienst mitträgt und selber eine segensreiche Arbeit unter den Frauen tut. Sie haben drei Söhne: Spurgeon, Simon und Thomas. Alle drei sind gläubige Christen. Sie konnten Betriebswirtschaft studieren und haben sehr gute Arbeitsplätze gefunden. Gerade für Christen ist das in Indien nicht selbstverständlich, und die drei tun ihre Arbeit deshalb auch bewusst als Dienst für Jesus, sie wollen mitten im Alltag seine Zeugen sein. Simon spricht auch immer wieder davon, dass er später noch die Bibelschule besuchen und als Pastor dienen möchte.

Anfang des Jahres 2013 zeigten sich bei dem Jüngsten, Thomas, Zeichen einer Krankheit. Er war müde und erschöpft, erholte sich zwar zwischendurch wieder, erlitt dann aber einen extremen Rückfall, sodass er im Juli ins Krankenhaus nach Hyderabad eingeliefert wurde. Die Ärzte diagnostizierten Leukämie, Blutkrebs.

Die Familie war tief betroffen. Aber sie brachten die Not zu Jesus. Die Eltern, Geschwister und einige Pastoren trafen sich am Krankenbett von Thomas und handelten an ihm nach Jakobus 5,14, der Anweisung des Gebetes für die Kranken: Sie beteten über ihm, legten ihm die Hände auf und salbten ihn mit Öl. Nach dem Gebet sagte Thomas unvermittelt: »Ich freue mich auf den Himmel. Dort werde ich Jesus sehen.« Radna Raju wusste sofort, worauf sich sein Sohn bezog: In Jakobus 5 sind als Folge des Krankengebets drei Verheißungen aufgeführt. Entweder wird der Kranke gesund, wie es oft vorkommt – unzählige Heilungen, darunter auch manche Berichte in diesem Büchlein, bestätigen das. Oder der Kranke erhält die Kraft und den Frieden zum geduldigen Tragen der schweren Situation. Oder aber – so wie bei Thomas – Jesus bereitet den Kranken auf die Ewigkeit vor.

Radna Raju verlor aber nicht die Hoffnung auf Heilung. Viele Christen beteten mit. In den Gemeinden entstand eine 24-Stunden-Gebetskette für Thomas. Auch die Ärzte bemühten sich mit allem Einsatz um ihn. Radna Raju und Krupa blieben Tag und Nacht am Krankenbett. Die Ärzte wollten noch weitere Spezialisten hinzuziehen.

Doch schließlich winkte Thomas ab. »Ich habe Frieden«, sagte er, »und ich vertraue Jesus. Ihr wisst ja, wo ich jetzt bin.« Das waren seine Abschiedsworte, als er starb.

Zur Beerdigung in Donkeray, dem Wohnort der Familie, kamen viele hundert Christen. Der Pastor, der die Beerdigung hielt, verkündigte klar die christliche Hoffnung. Doch in seiner Trauer wurde Radna Raju von Zweifel und Depressionen geplagt. Hatte er wirklich alles getan, um das Leben von Thomas zu retten? Hätten andere Ärzte oder Behandlungsmethoden nicht doch zur Besserung geführt? Noch tiefer waren die Selbstanklagen: Strafte ihn Jesus mit dem Tod von Thomas? War er zu lässig in seinem Dienst geworden? Zu stolz? Zu selbstzufrieden? Und schließlich nagten die Fragen an ihm: *Was denken jetzt die*

Leute? Werden sie jemals wieder auf meine Predigt hören? Bin ich nicht völlig unglaubwürdig geworden?

Die Fragen türmten sich wie eine Mauer um Radna Raju auf und schlossen ihn ein. Niemand konnte ihn erreichen – auch Bischof Singh nicht. Dieser hatte ihn schon einige Male besucht. Er merkte, jetzt ist Hiobszeit, und so saß er einige Stunden schweigend bei Radna Raju, wie Hiobs Freunde.

Radna Raju lebt bis heute in dieser Dunkelheit und kann seinen Dienst nicht mehr tun. Ich schreibe diese Zeilen im Sommer 2014 auch, um die Freunde in Deutschland zur Fürbitte aufzurufen. Wir wollen unseren Bruder nicht alleinlassen.

Zwei kleine Lichtstrahlen dringen in dieses Dunkel. Simon ist in sein Elternhaus nach Donkeray zurückgekehrt, lebt bei den Eltern und übernimmt viele Dienste in der Gemeinde. Und Krupa, die lange Monate krank war, hat wieder Kraft gewonnen und arbeitet ebenfalls in der Kirche mit. »Radna Raju braucht Zeit. Jesus wird seine Seele erreichen. Bitte, betet für ihn«, sagt sie uns.

»Du leitest mich nach deinem Rat«

Den Schreibstift muss ich weglegen. Meine Schrift wird un-
leserlich. Die Finger machen nicht mehr mit. Vielleicht geht
das Schreiben nach einer Erholungspause wieder. Ich sitze am
Schreibtisch und denke zurück. Vor einem Jahr hatte der Arzt
nach langen Untersuchungen schließlich die Diagnose gestellt:
ALS.

Bis dahin kannte ich die Krankheit nicht. »ALS ist eine Krankheit, die Nerven und Muskeln angreift und abbaut«, erklärte uns
der Arzt. »Diese Krankheit ist nicht heilbar. Man kann sie nur
verzögern. Es gibt zwar ein Medikament, aber der Nutzen ist um-
stritten«, sagte er weiter. »Krankengymnastik und Ergotherapie
können die Auswirkungen hinauszögern, aber nicht heilen.«

In dem vergangenen Jahr habe ich nun erlebt, wie diese Krankheit fortschreitet. Die Arme, Hände und Beine sind davon betroffen. Das tägliche Leben wird beschwerlicher.

Und nun sitze ich hier und schreibe die herrlichen Geschichten von Wundern, Heilungen und Krafttaten von Jesus auf, die mir die Brüder und Schwestern bei der Mitarbeiterkonferenz im Januar 2014 in übersprudelnder Freude berichtet haben. Ich? Jetzt in meiner Lage? Ja, ich, gerade jetzt. Als die Diagnose feststand, bat ich Brüder, für mich zu beten – nach Jakobus 5, dem Gebet für die Kranken. Sie legten mir die Hände auf, salbten mich mit Öl und baten Jesus um sein Eingreifen. Er hat das Gebet gehört und an mir gehandelt. Ich wurde nicht gesund, aber Jesus schenkte mir seinen großen Frieden, Gelassenheit und Ruhe. Das Bibelwort aus Psalm 73, Vers 24 wurde mein Leitwort: »Du leitest mich nach deinem Rat«, betet der Psalmist Asaf in seinen Nöten. Das hebräische Wort für »Rat« hat eigentlich die Grundbedeutung »jemanden umhüllen, einhüllen, bewahren, bergen«. Das erlebe ich und deshalb kann und will ich auch diese Geschichten von großer Freude weitergeben.

Sicher, es kommen auch Tage, da befallen mich Fragen und Zweifel. Dunkelheit greift nach mir. Aber Jesus führt mich hindurch. »Du leitest mich nach deinem Rat.« Umhüllt von ihm bleibe ich getrost und geborgen.

Er schenkt mir immer wieder Ermutigung. Bei der ersten Untersuchung in Tübingen hat sich ein junger Assistenzarzt meiner angenommen. Nach dem ersten, ausführlichen Gespräch sagte er zu mir: »Ich kenne Sie. Ich habe schon einige Gottesdienste von Ihnen besucht und Vorträge gehört. Ich bin auch Christ.« Wir konnten zusammen beten. Welch ein Geschenk. Viele Brüder und Schwestern versichern mir: »Wir begleiten dich und beten für dich.« Danke für alle Fürbitte.

Die Geschwister in Indien sind sehr erfinderisch in ihrer Hilfe, besonders Bischof Singh. Da er wusste, dass ich die Knöpfe an Hemd und Hose nicht mehr schließen kann, ließ er mir in Indien Hemden mit durchgehendem Reißverschluss und Hosen mit Klettverschluss nähen. In Deutschland wären solche Sonderanfertigungen fast unbezahlbar. Nun kann ich mich wieder weitgehend selbst anziehen. Danke dafür.

Ich werde tatsächlich immer dankbarer, gerade jetzt, da ich immer mehr Hilfe brauche. Meine Frau, die ganze Familie setzt sich für mich ein; mein Freund, Pfarrer Rückle, ist immer für mich da; meine frühere Sekretärin Suse Weihbrecht kann meine Handschrift entziffern. Nur durch sie konnte dieses Büchlein entstehen. Danke euch allen!

»Du leitest mich nach deinem Rat.« Ich möchte und muss wohl lernen, die Verse um diesen Satz herum mitzubeten und mitzuloben:

»Dennoch bleibe ich stets an dir; denn du hältst mich bei meiner rechten Hand. Du leitest mich nach deinem Rat und nimmst mich am Ende mit Ehren an. Wenn ich nur dich habe, so frage ich nichts nach Himmel und Erde. Wenn mir gleich Leib und Seele verschmachtet, so bist du doch, Gott, allezeit meines Herzens Trost und mein Teil.« (Psalm 73,21-25, L)

Anhang

Kinderheim Nethanja Narsapur /
Christliche Mission Indien e. V.

Mit dem ersten kleinen Kinderheim, gegründet vor fast 40 Jahren, hat eine Segensgeschichte begonnen, die sich in unserem Namen ausdrückt: NETHANJA, das heißt: GOTT HAT GEGEBEN.

Wir unterstützen mithilfe eines Freundeskreises in Deutschland indische Christen in vier Regionen des indischen Bundesstaates Andhra Pradesh, die miteinander in der »Nethanja-Kirche« verbunden sind.

Über unser Werk können Sie mehr erfahren:
- im Internet unter www.nethanja-indien.de
- durch unsere vierteljährliche »Nethanja Post«
- weitere Infos bei der KNN/CMI Geschäftstelle, Albrechtstrasse 12, 71093 Weil im Schönbuch
- E-Mail-Adresse: info@nethanja-indien.de

Unterstützen können Sie unsere Arbeit auch finanziell (Wir stellen Spendenbescheinigungen aus).

Unsere Konten:
Volksbank Herrenberg-Nagold-Rottenburg
IBAN: DE04 6039 1310 0673 0360 06, BIC: GENODES1VBH
Vereinigte Volksbank im Kreis Böblingen,
IBAN: DE84 6039 0000 0209 2140 07, BIC: GENODES1BBV

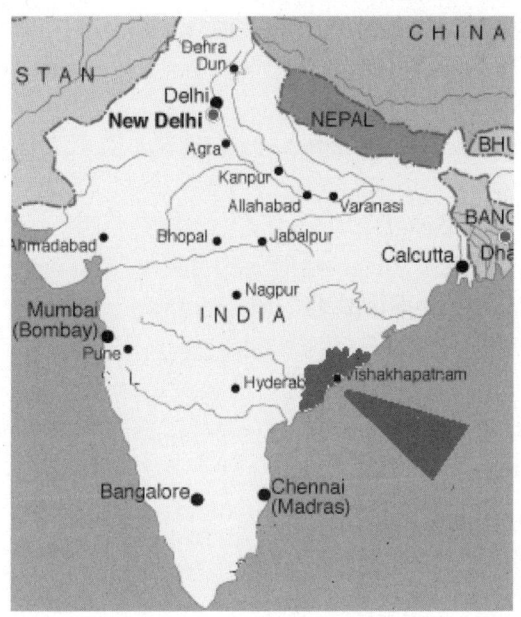

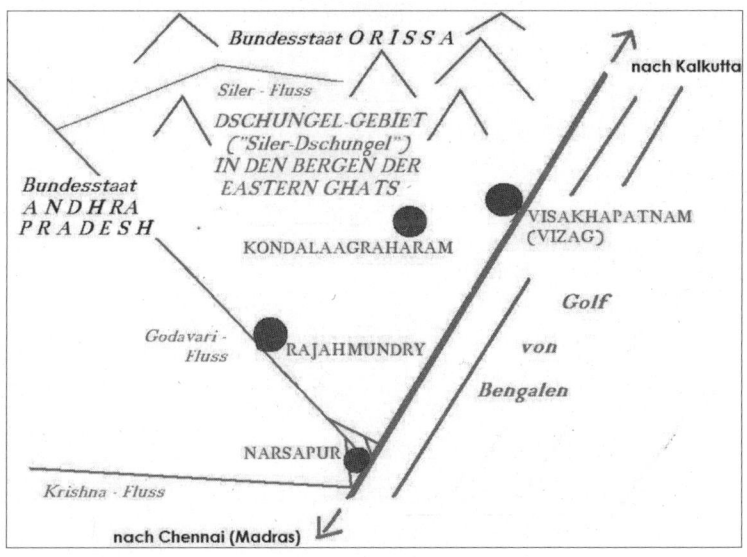

1. »United Christian Interior Ministries« (UCIM) in Visakhapatnam (VIZAG)

Am Rand der Millionenstadt Visakhapatnam liegt das Nethanja-Missionszentrum.

Leiter: Bischof Dr. K. R. Singh

Einzelprojekte aus dem Bereich »UCIM«

Kinderheime

- Mädchendorf Boya Palem
- Babyhaus Boya Palem
- Bubenkinderheim Paradesipalem
- Bubenheim Sileru
- Kinderheim Gudem
- Bubenheim Polluru
- Kinderheim für Stammeskinder in Gumma

Ausbildung

- Tagesschulen in abgelegenen Gebieten und im Slum
- Bibelschule
- Evangelistenkurse
- Bäckerei
- Nähschule
- Einzelförderung bei Ausbildung bis zum Studium
- Highschool

Sozialdiakonische Arbeit

- Sonderprojekt »Dalits« – Hilfen für die Ausgestoßenen
- Krankenversorgung im Slum

- Witwenhilfe
- Mikrokredite für Frauen
- Unterstützung von zwei Leprakolonien
- Blindenhilfe
- Hilfe in Notfällen und bei Naturkatastrophen

Gemeindeaufbau
- Evangelisation und Pioniermission zur Gemeindegründung
- Missionsrat, Leitungsorgan der Nethanja-Kirche
- Evangelisten, Pastoren und Bibelfrauen
- Bau von Kirchen und Gemeindezentren

2. »Emmanuel Ministries« in Kondalaagraharam

Südwestlich von Visakhapatnam in einer ländlichen Region im Dorf Kondalaagraharam liegt das Missionskrankenhaus der Emmanuel Ministries mit seinen Zweigen.

Leiter: Bischof K. R. Jeevan und seine Frau Dr. K. Nalini

Einzelprojekte aus dem Bereich »Emmanuel Ministries«

Medizinischer Bereich
- Missionskrankenhaus mit 80 Betten und Ambulanz
- Lepraklinik
- Tbc-Klinik
- Beratungs- und Therapiezentrum für HIV-Patienten
- Dorfambulanzen

- Gesundheitsaufklärung
- Krankenschwesternschule
- Hilfen bei Naturkatastrophen und Unglücksfällen

Pädagogischer Bereich
- Kinderheime für behinderte und nicht behinderte Kinder
- Schulen und Werkstätten für behinderte Kinder
  aus der Umgebung
- Grundschule
- Highschool
- integrativer Kindergarten

Gemeindeaufbau
- Evangelisation und Gemeindegründungen
- Evangelisten, Pastoren und Bibelfrauen
- Bau von Kirchen und Gemeindehäusern

3. »Shalom Ministries« in Rajahmundry

Am Godavari-Fluss in der Stadt Rajahmundry liegen unsere dortigen Zentren.
   Leitung: Bischof K. S. Pratap und seine Frau Dr. K. Sunitha

Einzelprojekte aus dem Bereich »Shalom Ministries«

- Mädchenkinderdorf
- Bubenkinderheim Lore home
- Highschool

- Tagesschulen in Dschungeldörfern
- Familienberatungszentrum
- Berufsausbildung für Frauen
- Computerausbildung
- Elektronikausbildung und -werkstatt
- medizinische Dienste im Dschungelgebiet
- Evangelisation und Gemeindeaufbau
- Evangelisten, Pastoren und Bibelfrauen
- Hilfen bei Naturkatastrophen und Unglücksfällen

4. »Nethanja Children Home« (NCH) in Narsapur

An der Küste, im Mündungsdelta der Flüsse Godavari und Krishna liegt der Ursprungsort unserer Arbeit, das Städtchen Narsapur.

Leitung: Mrs K. Kusuma

Einzelprojekte aus dem Bereich »Nethanja Children Home«

- Kinderheim
- Lehrlingsausbildung
- Evangelisation und Gemeindeaufbau
- Evangelisten und Bibelfrauen

Heiko Krimmer

Wenn ihr das alles kommen seht
Was Jesus über die Endzeit sagt

Paperback, 13,5 x 20,5 cm, 176 Seiten
Nr. 395.538,
ISBN 978-3-7751-5538-0

In seiner Auslegung über die Endzeitrede von Jesus, vermittelt Heiko Krimmer ein anschauliches Bild von dem, was auf uns zukommt. Dabei macht er Mut, auf Jesus zu vertrauen und ihn mit Freude zu erwarten. Mit hilfreichen Hinweisen für die Gestaltung von Hauskreisen.

Heiko Krimmer, Reinhold Rückle

Der Löwenmann wird Hirte
Erlebnisse mit Gott in Indien

Taschenbuch, 12 x 19 cm, 128 Seiten
Nr. 395.280,
ISBN 978-3-7751-5280-8

Der aussätzige Suri hat das Gesicht eines Löwen – und wird für viele andere zum Hirten. Neue spannende Geschichten aus Indien erzählen von Menschen, die Hilfe erfahren und zum lebendigen Glauben gefunden haben.

Bitte fragen Sie in Ihrer Buchhandlung nach diesen Büchern!
Oder schreiben Sie an: SCM Verlag, D-71087 Holzgerlingen;
E-Mail: info@scm-verlag.de; Internet: www.scmedien.de